受国家社科基金青年项目《精准扶贫战略下贫困地区农村信息化减贫能力提升研究》（15CTY048）
和中国农业科学院科技创新工程（编号：ASTIP－IAED－2017－03）资助

都市型现代农业创业人才培育研究

◎ 郭君平 著

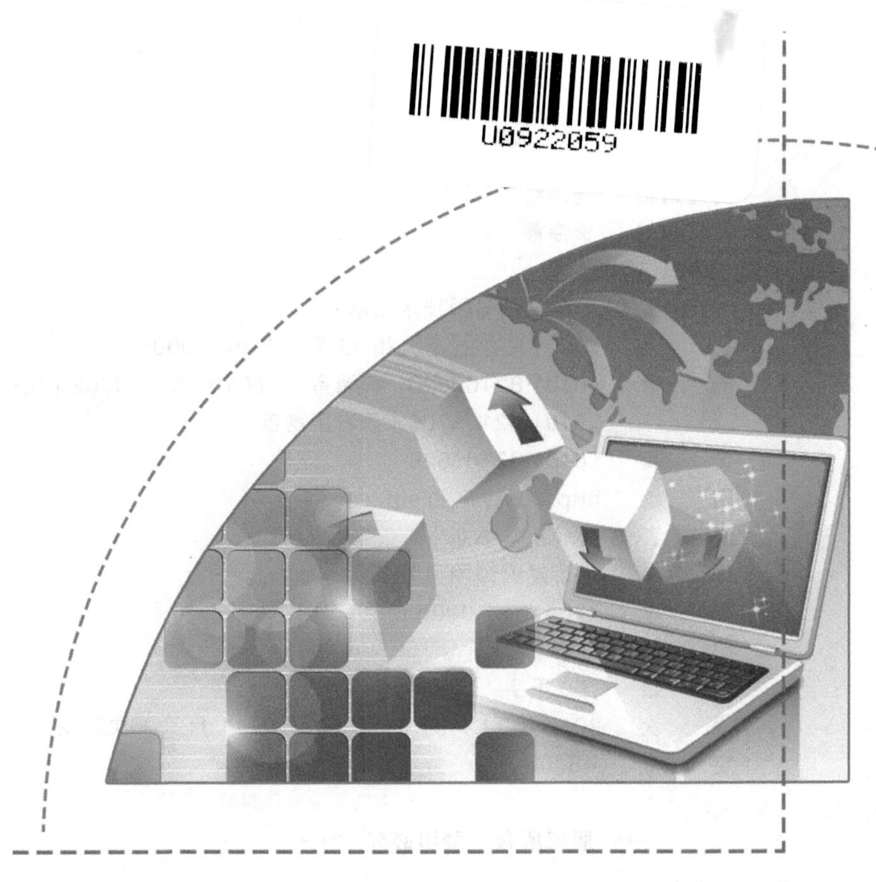

中国农业科学技术出版社

图书在版编目（CIP）数据

都市型现代农业创业人才培育研究／郭君平著. —北京：中国农业科学技术出版社，2017. 11

ISBN 978-7-5116-3313-2

Ⅰ. ①都… Ⅱ. ①郭… Ⅲ. ①现代农业-创业-人才培养-研究-中国 Ⅳ. ①F323

中国版本图书馆 CIP 数据核字（2017）第 261142 号

责任编辑 穆玉红
责任校对 贾海霞

出 版 者 中国农业科学技术出版社
北京市中关村南大街 12 号 邮编：100081
电　　话 (010) 82106626 (编辑室) (010) 82109702 (发行部)
(010) 82109709 (读者服务部)
传　　真 (010) 82106626
网　　址 http://www.castp.cn
经 销 者 各地新华书店
印 刷 者 北京建宏印刷有限公司
开　　本 710mm×1 000mm 1/16
印　　张 8.5
字　　数 160 千字
版　　次 2017 年 11 月第 1 版 2017 年 11 月第 1 次印刷
定　　价 45.00 元

序

都市型现代农业创业人才培育是创业教育培训理论研究和实践探索的崭新领域。近年来，随着社会主义新农村建设的推进和都市型现代农业产业体系的基本确立，我国农村优质劳动力不断向城市和非农产业转移，社会青壮年群体选择非农就业的倾向性效应也逐渐加剧，全国各地相继出现了农业劳动力素质结构性下降，科技承接能力减弱的势头。但是与此同时，农村城镇化建设、农村经济快速发展、社会就业形势日益严峻、大学生面向农村（基层）就业与创业型经济蓬勃兴起并存于世。在此背景下，研究都市型现代农业创业人才培育势在必然、不可或缺。本书基于管理学、教育学、经济学等学科理论，针对选题的性质和研究内容，主要采用借鉴国外成熟经验与国内实际探索相结合的方法，通过参照对比、实地调查、文献查询、问卷分析和统计数据，运用推断、归纳总结及个案研究等有效途径，初步探寻了适合我国都市型现代农业发展实情的创业人才培育体系。全书分七个章节展开论述。

第一章，从都市型现代农业创业人才培育的选题背景与研究意义入手，在回顾国内外相关研究文献的基础上，深入分析了已有研究的不足之处，并阐述了本研究的思路、框架和方法，这些为论文的后续研究打下了坚实的基础。

第二章，厘清并界定若干核心概念的内涵与外延；提炼都市型现代农业创业人才培育的相关理论依据；明确都市型现代农业创业人才培育的服务面向、主要受体、核心目标、实质阶段、重点内容和关键类型等方面的基本定位；同时分析都市型现代农业创业人才培育的可行性。

第三章，以北京市大学生村官和农业高等院校在校大学生为研究对象，对我国都市型现代农业创业人才培育状况进行了实证调查分析，并从学校教育、培育对象、社会舆论和政府引导等角度提出了都市型现代农业创业人才培育所存在的主要问题。

第四章，借助SWOT模型分析了都市型现代农业创业人才培育的主要受体之一（农业高等院校大学生）创业的内外部条件；通过解读和总结数个都市大学生村官创业的成功案例，为有志于都市型现代农业领域创业成才者提供一些有益的启示或思路，以实现自我培养。

第五章，基于都市型现代农业创业人才培育模式所应遵循的一般原则，探索了大学生村官创业成才培育模式之“六位一体”模型和农业高等院校“四轮驱动”的创业人才培育模式。

第六章，比较系统地建立了都市型现代农业创业人才培育的主导机制，其内容主要包括培育实施的动力机制、培育质量的保障机制、以及培育工作的评估机制。

第七章，根据全书的主要内容、创新之处和存在的问题，作了五点概括性总结，并积极展望了都市型现代农业创业人才培育的美好未来。

“要破除一切束缚发展的体制机制障碍，让每个有创业意愿的人都有自主创业空间，让创新创造的血液在全社会自由流动，让自主发展精神蔚然成风，借改革创新的东风，在960万平方公里大地上掀起大众创业、草根创业新浪潮”——2014年9月11日李克强总理在天津夏季沃斯论坛如是指出。相信未来不久，我国将形成“大众创业，万众创新”的创业新局面，实现以创业创新带动就业、以就业创业带动经济发展的宏伟目标。

郭君平

2017.9.20 北京

目　录

第一章 导 论

第一节 问题的提出

一、选题背景

（一）都市型现代农业快速发展

近年来，在各级地方政府一系列利好政策的扶持、推动下，都市型现代农业的发展正在以前所未有的深度和广度快速推进，农村产业结构、农业生产组织方式、农业生产手段和科技进步水平等都发生了深刻变化。农业开始从传统农业向现代农业、原料农业向种、养、加、销一体化农业过渡，农业生产的目的已不再是追求产量、解决温饱，而是追求效益、解决就业、增加收入与推进农村区域经济发展的问题。这无疑为有志于从事农业产业化经营的创业者提供了大展身手之地。建设都市型现代农业是我国大中型城市发展现代农业的目标，也是城郊型农业发展到一定阶段的客观要求。实践证明，都市型现代农业在促进城市周边农村的农业专业化和产业结构升级，转变经营方式，实现社会效益、经济效益和生态效益等方面发挥了巨大作用（农民日报，2010）。然而，都市型现代农业向我们展示现代农业发展美好前景的同时，其发展过程中所蕴含的巨大潜力仍有待进一步挖掘。因此，都市型现代农业急需一大批农业人才，尤其是创业型人才。

（二）新农村建设进一步深化

社会主义新农村建设是我国现代化进程中的一项重大举措；是贯彻落实科学发展观，统筹城乡经济社会协调发展的必然要求；是保持国民经济平稳较快发展的持久动力。党的十六大报告曾明确指出“在本世纪头二十年，集中力量全面建设惠及十几亿人口的更高水平的小康社会”的奋斗目标。而小康社会目标的实现，其重点和难点都是社会主义新农村建设，农业丰则基础强，农民富则国家盛，农村稳则社会安；没有农村的小康，就没有全社会的小康；没有农业的现代化，就没有国家的现代化。在新农村建设中，农民是新农村建设的主体，但是当前农村从业人员中，劳动力素质偏低这是不争的事实（夏学文，2007）。而且随着新农村建设的进一步深化以及农村优质人力资源不断向城市涌入，留守在农村的劳动力（主要是妇女、儿童和老人）渐渐满足不了农业现代化的目标要求。虑及此，目前农村各项经济社会事业的发展确需一大批“下得去、用得上、留得住，并能带动当地农民致富”的人才，而这些人才要在农村扎根，发挥他们的头雁作用，就必须创业。通过培育都市型现代农业创业人才，推进新农村建设，不仅有助于加快农村经济社会的全面发展，提高农村的整体实力和综合水平，缩小城乡之间的物质文化差距，而且还能够增加广大农民群众的收入，满足他们日益增长的各种生产生活消费需求。

（三）全国大学生就业形势日益严峻

自1999年以来，我国连续大幅度扩大高校招生规模，本、专科毕业生数短期内大幅度增加。2001年，中国首次在高等教育规模上超过美国，跃居世界第一，使大学生就业形势发生了根本的变化，大学毕业生的就业由“精英”走向“大众”（包永平等，2005）。在2004年到2016年间，高校招生规模持续扩大，全国的普通高校毕业生从2002年的145万增至2016年的631万，累计增长3.4倍，尽管年增长率不断下降（图1-1）。由此可见，随着我国高等教育由精英教育向大众化教育的转变，大量高校毕业生就业需求已成为现实压力，再加上中国面临着城镇新增劳动力就业、农民进城打工和下岗失业人员再就业“三峰叠加”的局面，致使社会就业问题愈来愈突出。在此种情况下，研究扩大就业发展战略，探索培育都市型现代农业创业人才途径，促进以创业带动就业具有相当重要的现实意义，可作为缓解社会就业压力的有效措施之一。

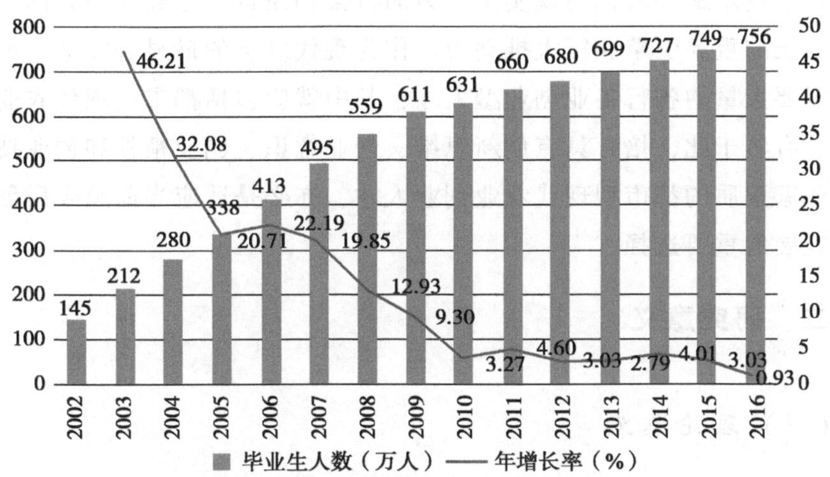

图 1-1 2002—2016 年全国普通高校毕业生人数及年增长率

（四）创业型经济蓬勃兴起

创业型经济（Entrepreneurial economy）相对于管理型经济（Managed economy）而言，它是基于企业家的创意和创新，以新办“创业型公司”为主要途径，微观上实现企业家个体价值，宏观上促进国家经济发展的一种经济形态（KAB 创业教育研究所，2008）。世界经济学家普遍认为，21 世纪是“创业时代”的黄金发展期，全球经济正在从管理型经济向创业型经济渐变，国与国之间的竞争也逐渐集中在创新与创业水平上。2014 年 9 月，在夏季达沃斯论坛上，李克强总理发出“大众创业、万众创新”的号召，旨在掀起“大众创业”“草根创业”的新浪潮，形成“万众创新”“人人创新”的新势态。2015 年，李克强总理在政府工作报告又提出“大众创业，万众创新”。详而言之，政府工作报告如此表述：”推动大众创业、万众创新，既可以扩大就业、增加居民收入，又有利于促进社会纵向流动和公平正义”。据最新统计，各类返乡下乡人员已达700万人，创办的经济实体平均可吸纳至少7人就业；其中，返乡农民工比例为68.5%，涉农创业占比为60.0%；农村双创人员平均年龄44.3岁，91.4%为男性，学历为高中、职高或者大专的比例为40.7%。创业活动作为科学技术最终转化为现实生产力的桥梁和纽带，已经成为我国经济可持续增长的重要引擎和巨大推动力。作为现代经济的最显著特征，创业型经济需要大量的各行各业创业型人才，其中就应包括都市型现代农业创业人才。有鉴于此，培育具有创新思维、创业意识、创业精神和创业技能以及企业家素质的都市型现代农业创业人才，亦必是适应当前及今后创业型经济发展的重要选择。

二、研究意义

（一）理论意义

①填补都市型现代农业人才支撑体系的研究空白，深刻认识当前培育都市型现代农业创业人才的重要性和可行性；②拓展、深化、丰富、充实创业教育培训理论；③创新“创业（型）人才培育”的模式、机制和体系；④促进教育培训机构或部门的教育教学改革，为教育理论研究和教学实践开辟了新的天地；⑤为我国都市型现代农业创业人才培育搭建一个大致的理论性框架。

（二）现实意义

1. 解决都市型现代农业发展的“领军人才瓶颈”问题

随着都市型现代农业的发展理念在全国各大城市相继推广和普及，一些中等发达城市（如大连、济南等）开始在北京、上海等大都市的影响带动下，也逐渐明确了都市型现代农业的发展定位与方向。但是，各地要实现发展都市型现代农业这一目标，关键是要加快构筑本地农业人才高地，营造该领域的优秀人才，尤其是创业人才成长的环境和条件，培养出一批能适应都市型现代农业发展要求的创业人才，为实现农业转型，建设农业科技强市提供人才保证。

2. 满足社会个体自主创业、自身发展、自我实现的迫切需要

现代社会对人才的要求越来越高，不仅需要大量知识丰富、实践能力强、心理素质好、具有开拓创新能力的高级专门人才，而且还需要一批能自主创业的人才。因而对社会个体来说，为了得到更好的自身发展、自我实现，在夯实基础理论知识和专业知识、掌握基本技能与专业技能的同时，还需要学习一定的创业知识及创业技能；在提高自身科技、文化修养的同时，也要加强创业素质的培养。

3. 营造浓郁的创业氛围，激发全民创业热情或活力

良好的社会创业氛围有利于催生新的企业，孕育新的市场，促进地方经济发展。通过培育都市型现代农业创业人才典型，可以充分发挥他们的示范、带动作用，激发更多人的创业热情与创新活力，并在全社会营造出弘扬创业精神、争做创业先锋的浓厚氛围，最终为区域经济社会发展作出应有的贡献。

4. 创造新的就业机会和岗位，缓解城乡就业矛盾

如今，社会就业困难早已是尽人皆知的事情。但是，如果都市型现代农业人才普遍具有老板意识、创业精神，那么新兴都市型涉农企业就会大量产生，这不仅意味着自己可以摆脱就业困境，而且还能吸纳一部分社会剩余劳动力，弱化当前劳动力供大于求的矛盾，为郊区农村的稳定、发展及和谐社会建设起到重要的支撑作用。

第二节 国内外研究现状述评

一、相关文献资料的回顾

在我国，对创业（型）人才培养的研究起步较晚，目前还没有专家、学者和研究人员以都市型现代农业创业人才培育为研究视点。从现有的资料文献来看，国内研究者对创业（型）人才培养的研究一般着眼于整个高等（职业）教育，尽管相关理论论述仍显薄弱，但已经基本形成了一定的研究观点和研究方法，且其研究成果具有较好的学习和借鉴价值，因此可“借他山之石，攻已之玉”，将其“精华”运用到对都市型现代农业创业人才培育的初步探索中去。在国内外对有关创业（型）人才培养的这些研究中，按其主题、内容可分为以下两类文献：

（一）创业（型）人才培养文献

总的来说，关于“创业（型）人才培养”的文献较多，目前能在CNKI上搜索到且发表在国内各类核心期刊上的学术论文约226篇，通过对其中较具代表性研究成果的主要内容进行梳理总结后，可分类为以下几个方面。

1. 创业（型）人才培养的必要性分析

李家华和卢旭东（2010）认为创业人才培养的实施有利于受教育者提高创业者素质，强化企业家精神，进而激发创业行为，使更多的受教育者将创业和自我聘用作为一种职业选择，成为一种生活方式，由此提高整个社会的自我聘用率。而王秋海（2009）则提出创业型人才培养的必要性主要涉及三方面：一是创业型人才是社会稳定的保障；二是培养创业型人才是实现中国高等教育大众化的前提；三是培养创业型人才是（职业）自身发展的需要。黄海等（2008）的观点是“创业教育是教育创新的客观要求，是学生就业谋生的需要，是素质教育的客观要求”。高晓杰和曹胜利（2007）指出高校是国家创新体系的重要组成部分，在高校开展创新创业教育，是建设创新型国家的客观要求和高等教育必须回应的时代挑战。邓小华等（2002）认为创业型人才培养的必要性包含3点：创业是时代的要求与呼唤；创业教育是创新人才培养模式的重要途径；以及培养创业型人才是摆脱农业高职毕业生就业困境的突破口。

2. 我国创业（型）人才培养的目标定位

如梅伟惠（2012）和曹大宏（2012）认为应以培养学生创业精神和创业能力为目标。顾英伟等（2009）则断言创业人才培养的总目标是培养大批自主创业人才，提高就业率，缓解社会压力，促进国民经济的可持续发展并为其提供源源不断的人力资源。而段远鹏（2008）指出我国创业人才的培养目标是培养具有社会主义市场经济适应能力、竞争能力和实践能力，具有良好的创业基本素质和创业能力的创业人才。此外，于洋等（2008）表示我国所提出的“创业教育”是广义的创业和创业教育。其培养目标是培养学生开创事业的意识和能力，使其成为能在不同行业为社会发展作出贡献的高素质人才。

3. 创业（型）人才培养模式的探索

王秀敏等（2012）认为应从社会需求出发，培养学生的实践能力、创新能力、评估能力和创业能力，构建以“创新实践为先导、创业带动就业”的一体化人才培养模式，使高校学生创业的规模和质量都能得到大幅度的提升。张项民（2008）为我国高校培养创业型人才提供了三种可选择的模式。即：以高新技术为主导的高端创业人才培养模式；以应用技术研究开发为依托的普通型创业人才培养模式；以实用技术应用为特色的基础型创业人才培养模式。徐铁辉（2008）就高职学院创业型人才培养模式进行了理论探讨，总结了益阳（职业）技术学院的实践，提出了构建创业型人才培养“123”模式，即营造一个创新与创业教育环境；搞好创业意识和创业能力的培养相结合、课堂教学与课外辅导实践相结合等两个结合；强化师资队伍建设、教育教学改革和实验实习基地建设三项保障措施。李秀娟（2007）提出“两平台、三层次”创业型人才培养模式，其实质就是构建第一课堂与第二课堂相结合，实施创业教育的立体化的创业教育体系。其中，“两平台”是指课内教学与课外实践两个教育平台，而“三层次”，即目标层次，指创业教育的最终目的在不同学生身上的分层次体现。

4. 创业型人才的培养体系

创业型人才培养是一项长期的系统工程，因此必须构建一个比较完整的创业型人才培养体系。邹良影、李秀红（2014）以温州科技职业学院为例，提出如下创业型人才培养体系，即：树立一个素质型创业教育理念，实施“导师+项目+团队+S[①]”和“技能培育+创业提升”两条培养途径，搭建创业教育与专业教育相融合、创业实践与行业企业相结合、科学研究与科技创业相融通三大平台，以及夯实创业课程教育、创业研究指导、创业制度支持和创业组织保障等四大基础。万卫华（2009）围绕应用型创业型办学定位，对建立创业型人才培养新体系进行了思考，并提出了以下四个方面的构想：建立理论、实践、素质教育三个层次的教学体系；构建模块化教育教学体系；实现学校和市场企业的无缝对接，建立校企零距离教育体系；建立大学生创业教育体系。段远鹏（2008）主张创业型人才培养体系应包括创业人才培养目标体系、创业基本素质与创业能力体系、创业人才培养体系、创业人才培养评价体系等四方面。

5. 创业（型）人才培养的对策、途径或策略

方志勇和蒋超（2014）以浙江财经大学东方学院为例，提出如下建议：明确办学思想，落实就业创业导向的人才培养目标；以就业创业能力提升为目标设置培养方案，加强职业规划和就业指导教育；以及营造创业氛围，激发大学生基于能力提升的内驱力。莫利拉（2007）指出新农村建设在创业观念和意识、心理品质、经营管理才能、创业思维能力等方面都对农业高校创业型人才培养提出了挑战性要求，而当前农业高校创业型人才培养存在着较多问题，与新农村建设要求还有较大差距。因此，她建议，农业高校要想担当起创业型人才培养的历史使命，就必须在创业培养计划制定、师资力量建设、实践环节、教育评估机制、教学管理模式、学校保障性制度与措施等方面进行一系列切实有效的改革和创新。傅远志（2004）构建了高职创业型人才的四维（知识、智能、需要、自我意识）素质结构，并从更新教育观念，改革课程体系和提升师资机构三方面来实现高职院校创业型人才的培养。韩述梅（1999）认为高等学校要达到创业型人才培养的目标，须从以下几方面人手：加强政治理论和品质培养教育；高校教育综合化和通识化；构建适应法治国家和市场经济的课程体系；设置符合学习实践规律的专业课程；因材施教，发展学生个性；开放

① 注：指社会资源，包括行业资源、企业资源、农民合作社、各类基地、企业家、农户等一切可利用资源

办学，加强与企业的交流和优势互补；改革考试及学籍管理制度等。

（二）国内外创业教育（培训）文献

1. 国外的研究状况

研究贵在创新，创新必须了解历史，以史为镜。通过文献检索，发现创业教育的研究与实践首先在欧美发达国家形成。其中美国是最早进行创业研究和创业教育的国家，其创业教育的萌芽可追溯到20世纪40年代，至今已有60多年的历史，取得了卓越的成绩，总体上讲，主要表现在创业教育相关课程的开设及政府鼓励创业所颁布的法律、法规和政策，并且创业教育已形成一个比较完备的体系，涵盖了从初中、高中、大学专科、本科直至研究生的正规教育，不少高校还将创业教育纳入了完整的教学体系。

在国外，创业学教育领域最具代表性的学者是美国著名创业教育家蒂蒙斯（Timmons），1974年，杰弗里·蒂蒙斯（Jeffry A. Timmons）编写出版了世界上第一本《创业学》（New Venture Creation）教材，成为创业课程教材的经典之作，其内容共分五部分：战略与商业机会、创业者、资源需求与商业计划、创业企业融资和快速成长。在百森商学院（Babson College）工作期间，蒂蒙斯以其独特的创业教育理念、创业教育课程设计和创业教育教学方式让人刮目相看。其特点是：①以前瞻的教育理念来应对正在发生的“创业一代的兴起与传统产业的衰退的这场静悄悄的大变革”；②以系统的课程设计来培养学生的创业能力；③“以问题为中心”和大量案例分析的鲜活教学方式来促使学生们积极思考；④促成企业为学生提供模拟创业实践的机会。

目前，美国关于创业教育的研究与实践仍然处于世界领先地位，在理论研究方面，美国有许多权威杂志或著名的学术期刊，如《创业研究新天地》《成功》《创业和创新国际期刊》《创业者》《创业风险期刊》《美国新闻》《创业理论和实践》及《世界报道》等都在关注商学院的创业教育项目和刊登创业研究论文与专题报告。但是，这些杂志或期刊的研究内容主要集中在创业教育的含义与重要性、高校创业教育课程的设计与开发、教学方法改革、教师培训、创业培训和立法、大学生创业计划竞赛、大学创业教育的评估与未来发展等方面。相对于蓬勃发展的创业教育实践来说，相关的较系统、较完善的理论研究还并不多。

2. 国内的研究动态

国内创业教育理论起步较晚，始于20世纪90年代初期，至今尚不足二十年，基本还处于探索阶段。早在1989年底，联合国教科文组织在北京召开的“面向21世纪教育国际研讨会”上，正式提出“事业心和开拓技能教育”（即创业教育，enterprise education）这个概念，并倡导要“把事业心和开拓技能教育提高到目前学术性和职业性教育所享有的同等地位”。至1990年，国家教育委员会基础司劳技处牵头成立了“提高青少年创业能力的教育联合革新项目”国家协调组，主要负责创业教育的实验和研究。在经过5年两个阶段的研究后，取得了一批有益的研究成果，如《创业教育系列丛书》（主编毛家瑞）、《素质教育和创业教育》（彭刚、蔡守龙）、《关于创业教育的若干问题》与《创业教育的目标、课程与评价》（毛家瑞、彭刚等），等等。以上研究成果不仅探索了创业教育的目标、课程设置、创业教育的评价、素质教育与创业教育的关系等问题，还总结和反映了创业教育实践过程中的主要理论问题，这为创业教育学的诞生奠定了良好的基础。

从CNKI中国期刊全文数据库上，以“篇名”输入“创业教育”相关的关键词进行查询，获得了15 487篇有关“创业教育”方面的学术论文。其中，“高校创业教育”相关论文达4 124篇，“大学生创业教育”4 279篇，另外，还涉及“农民工创业教育”“农民创业教育”和“农村创业教育”的学术论文分别为26篇、30篇及15篇。通过查阅以上主要文献发现，这些研究成果可归为“两大类、一小类”。“大类”包括：①以个案研究为主，即研究某一学校创业教育的实施情况；②以研究（职业）院校创业教育情况为主，尤其是在2002年以前。“小类”则以研究创业型农民的培育为主，即主要对返乡农民工、新型农民、农村实用人才和现代农民等进行创业教育培训。此外，经初步的仔细分析可知，这些研究成果的主要内容集中在创业教育的国际比较，分析国内创业教育的现状，讨论创业教育的必要性和可行性、论述创业教育的内涵、作用、意义和目标，建设创业教育学科体系，培养大学生创业素质和能力，以及探讨创业农民培训的现状、模式、途径与存在的问题等几个方面。

总之，国内的创业教育才刚刚起步，有关方面的研究正处于由概念解析、渊源探讨、重要性阐述向教育、教学、实践体系构建的原则、方法和路径探讨的过渡之中，创业教育的理念尚未形成，创业教育理论的“范式”与体系的“规制”尚未出现，缺乏量化的深入研究，而且国内还没有专业的创业教育学术期刊，各种有关创业及创业教育的研究论文还是散见于各种期刊杂志之中，高质量的研究论文较匮乏。但是，在多学科的综合研究方面已开始突破，把创业学作为一个高度交叉又相对独立的学科体系的探索已取得了初步的成果，一个粗线条的体系框架已经形成。这也给创造中国特色的创业教育提供了广袤的空间。

二、已有研究的不足之处

（一）创业（型）人才培养研究方面

1. 研究的理论创新不足，多为背景介绍、现状陈述和微观对策阐释

纵观多年来创业型人才培养研究，大都停留在背景介绍、现状陈述、微观对策阐释等基本层面。对于培养的必要性、重要性阐明较多，而对其深层原因及可行性分析较少；对于现实中存在问题罗列较多，而对其实质揭示较少；感性倡导、呼吁较多，理性反思、探讨较少。

2. 研究的方法单一，缺乏有深度的定量分析和案例研究

从选取的期刊论文和学位论文的研究方法来看，对于创业型人才培养研究，虽然有不少以现状、事实为依据的讨论，但大多囿于一般化和浅层化的定性研究，较少用到定量分析方法，实证研究也为数不多。一方面是缺乏对抽样调查数据的充分挖掘和利用，对于真实情况和客观规律认知不深、把握不准；另一方面是缺乏对现实生活典型案例的剖析。

3. 研究的内容偏重于创业型人才

培养的目的意义、路径模式、科学定位和政策措施，而对创业型人才培养工作的评价标准、主导机制等方面较少涉及。而且，对国内外创业型人才培养方案的对比研究不够，难以从全球视角总览全局。

（二）有关创业教育（培训）研究层面

（1）在我国前期的创业教育探索中，主要侧重于对创业概念的认识及其意义的论述。研究的总体特征是：定性的研究多，实证的研究少；经验介绍多，系统研究少；试点院校研究多，一般院校研究少；已有的创业教育模式关注最多的还是高等（职业）院校学生，针对农民、农村创业教育的还只是限于补充的地位；创业教育的分类实施、实践问题只是提出，且多为宏观指导，缺乏细节讨论或具体研究，更很少对创业教育实施过程存在的问题进行分析；大学生创业层次导向问题上也少有研究。

（2）创业教育目标定位未明确统一，仍存在争议。一些学者在论及创业教育目标时，往往从经济学的视角出发，认为创业教育主要是造就创新型或创业型企业家。而另一些专家则认为，虽然创业教育希望受教育者将来有机会成为创业型企业家，但这不是学校创业教育所追求的教育目标。此外，从教育学的视野看，高校创业教育的目标又是什么呢？各专家学者观点不一，有不少人认为创业教育是一种素质教育，甚至称其为创业素质教育。从某种程度上讲，这种观点不无道理，它概括了创业教育最基本的价值取向，且有助于确定创业教育的总目标。但是，在现有的研究成果中，创业教育是否能形成完整的教育体系呢？目前还难以找到圆满的答案。

（3）与“大学生创业教育”有关的研究一般过于笼统且内容较窄，它们更多地是侧重于对大学生创业教育的内容、课程设置、创业教育模式及实现途径等方面的研究，而对大学生创业教育的影响因素、大学生创业教育的服务系统、支持系统、运行机制、绩效评价、成本投入与预期收益等问题则很少有人研究。

（4）从当前为数不多的研究农民创业教育（培训）的文献资料来看，大部分学者并未辨别农民创业培训与以前其他各类农民培训的区别，往往将这两者混为一谈，表现为在论及农民创业培训的内容、模式和形式上时，仍然停留在技能培训层面。其主要原因是没有考察和分析农民的现时特征及其创业培训的特殊性。因此，从客观上讲，这些研究成果并没有取得实质性的进展。

综上所述，我国创业教育目前还处于一个初期的起步阶段，其理论研究和实践总结都还不够，至今仍没有形成系统、完善的创业教育理论与培训体系。

第三节 研究思路、框架和方法

一、研究思路与框架

本书以构建都市型现代农业创业人才培育模式和机制为主题，以相关理论基础和实证调查为重要支撑点，利用技术路线图解的形式将研究思路的逻辑贯穿于理论框架之中，从而形成完整的都市型现代农业创业人才培育研究体系。具体见图 1-2 所示。

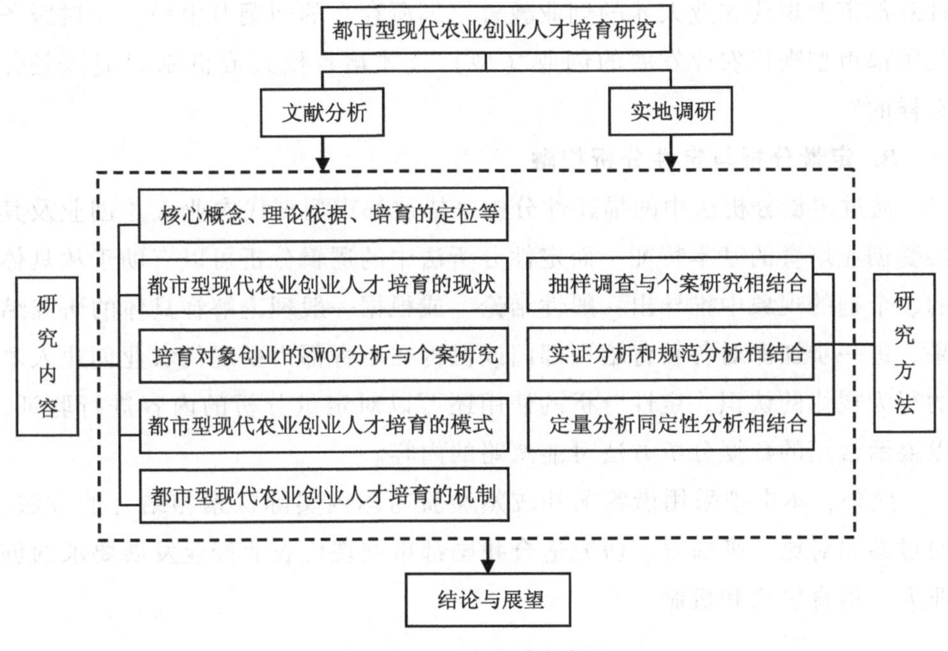

图 1-2 研究思路与框架

二、拟采取的研究方法

本书研究主要运用“三结合”的社会科学方法，即：

1. **抽样调查与案例研究相合**

本书将进行面上的多角度抽样调查与点上的个案分析研究。理论原则与方法的提出与检验，均产生于日常研究及管理的实践。为反映普遍性的结论，研究中将尽可能多地采取问卷调查，而为反映特殊性的结论，还须对具体的个案活动进行更深入的解剖，并且对典型个案进行全方位、多层次的分析与解读。通过对我国开展都市型现代农业人才培育的院校、部门或机构进行调查、采访、咨询，搜集相关信息和资料，了解实践中存在的问题，以便使理论研究更具针对性，更有效地指导实践。

2. **实证分析和规范分析相辅**

实证分析主要研究“为什么”的问题，注重考察事物或现象的因果关系；规范分析主要研究“应该是什么”的问题，注重考察事物或现象的本质。本研究将选取代表性群体和典型案例进行实证分析，找出现阶段针对都市型现代农业人才的创业教育培训所存在的问题及根源，探讨服务我国都市型现代农业发展的创业（型）人才培育模式或机制“应该是什么样的”。

3. **定量分析与定性分析相融**

通过定量分析法中的描述性分析来描述都市型现代农业人才创业及其接受创业培育的基本特征。而定性分析法中的逻辑分析可以有助于从具体的、个别的现象中推导出一般性结论，或根据一般理论解释具体的研究结果，进一步加深对各教育培训部门或机构在培育都市型现代农业创业人才的行为规律的认识。定性分析的使用还可以对定量分析的内容进行验证，以揭示常用的数据分析方法可能忽略的内容。

此外，本书拟采用借鉴国外成熟经验与国内实际探索相结合的方法，通过参照对比，来探寻、研究适合我国都市型现代农业产业发展要求的创业人才培育模式和机制。

第二章　研究的理论基础

第一节　若干核心概念的重证与界定

一、"创业人才"

在探讨都市型现代农业创业人才含义之前，首先要关注的一个重要问题，就是如何理解和界定"什么是创业人才"。结合对"创业"的理解和对有关资料、现实案例的研究发现，不同学者、专家对"创业人才"的概念和内涵存在一定的认识偏差。

现以其中比较有代表性的观点为例，吴荷平（2001）在分析"创业人才"提出的时代背景后认为，创业人才是指具有创新精神和创新能力，能够创造性地综合运用所学到的各种知识，积极投入到社会的创业实践中去，并在此过程中不断开拓、探索，用自己的创造性劳动为社会发展和人类进步作出贡献的人。黄盈盈（2002）从现实的挑战（即受教育者的生存问题）出发，通过比较、分析各派学者对"创业"的理解后提出，创业人才是具备创业基本素质，能够从事创新活动，创造新的就业岗位和职业效益的人才。此外，易自力等（2007）一致表示，所谓创业人才是指开创新的事业的人才。创业人才是每个社会中最活跃、最积极、最有生气和最具创造力的一个群体，他们具有创新意识、创业精神和创造能力等。创业人才对经济和社会的发展具有动力作用、创新作用、聚集作用、示范作用和稳定作用等。

显然，上述学者从不同角度得出的"创业人才"定义并未真正揭示创业人才的完整内涵，它们或过于宽泛、抽象、模糊，或过于片面、狭隘。尽管如此，这无疑还是给了我们许多有益的启示。那么，我们该如何理解“创业人才”呢？笔者认为，“创业人才”的内涵应分为两个层次。第一层次“创业人才”仅指那些已经或正在通过创办经营实体来实现自己的理想和追求并为社会创造更多物质财富和提供更多就业岗位的人，其主体包括民营企业家和个体经营户。第二层次“创业人才”是指具有冒险的创业精神和实践创新能力，怀揣强烈的社会责任感和使命感，能够立足本职岗位职责，主动适应社会需求，善于发现、把握机会，并不断探索实践，创造出非凡成绩，推动事业发展的人，即“开拓事业发展新格局的人”。

二、“都市型现代农业人才”

都市型现代农业是以知识和技能为先导的，它对人才大体上有两个方面的要求，一是对知识的要求，即应具有理、工、农、医等学科相关专业的知识，如农业科学、农业经济学、生命科学、环境资源学、信息技术、新能源技术、空间开发技术以及机械、化工、医药、营养保健等知识。二是对技能的要求，如应具备生产、设计、施工、经营、管理、营销等多种技能。因此，都市型现代农业人才不同于传统农业人才，它是一种崭新的具有创新精神和实践能力的应用型、复合型的技术人才、经营人才和管理人才。

根据上海、天津都市型现代农业发展的需要，曹林奎、孙仲彝、高贵临（2006）和郑亚勤（2007）等人认为，在专业类型上可将都市型现代农业人才重点分为以下三大类型。

第一类是经济功能类人才。此类人才是提高都市型现代农业竞争力和实现各类新兴农业与涉农产业经济效益的关键因素，主要有：①懂科技、会经营、善管理的涉农企业家和经营管理人才；②厚基础、宽口径、多专业、复合型的涉农科研专业人才以及创新农产品品牌的人才，特别是各专业领域的领军人物和带头人，以及农业装备（设施）技术的农业工程人才；③既懂农业技术，又懂农产品加工专业的涉农产品深加工的农业技能型人才（高级技工、技师）；④懂农业技术，兼具实践经验，能深入农业生产的产前、产中、产后开展农业科技成果推广应用、农产品推销的农业推广人才。

第二类是生态功能类人才。由于都市型现代农业对生态环境功能有更高要求，因而这类人才需求将有较大、较快增加，主要包括：①林业、园林花卉业人才；②农业规划设计人才；③农业、农村生态环境保护人才；④绿色食品标准化检验检测人才；⑤农业生物质能人才；⑥农业生物技术人才；⑦农业化学技术人才。

第三类是服务功能类人才。为适应大都市农业科技强市和对外强化服务功能的要求，以带动农业产业发展，需要大量的都市型现代农业服务功能人才，这类人才包含：①涉农物流人才（包括涉农外贸）；②涉农会展人才；③涉农市场中介与媒体（包括广告）人才；④涉农信息技术（包括咨询服务、数据化技术）人才；⑤农产品标准化检验检测、监督、认证等人才（曹林奎等，2006；郑亚勤，2007）。

三、“都市型现代农业创业人才”

都市型现代农业创业人才（Entrepreneurial talent of urban agriculture）通常是指在大、中等城市周边，善于抓住市场信息，充分发挥当地自然资源、社会经济条件和都市型现代农业的优势，发展现代种植业、养殖业、加工业以及农村服务业，如住宿餐饮、休闲娱乐、观光旅游、区域物流等农村产业，不仅自己创业致富，而且还带动其他农民共同富裕的现代新型农业创业者。其主要表现特征如下。

1. 总体特征——高学历、有技术

高学历是指都市型现代农业创业人才必须受过大专以上的高等教育，有较扎实的科学文化理论基础，能够快速理解、分辨、接受各种知识和信息。有技术就是要求都市型现代农业创业人才要有一技之长，或者具备一定的农业科学技术基础，能够较快地吸收、运用各种技术。因为不管在农业生产领域，还是在涉农的二三产业领域，从业者只有掌握大量的农业科技成果，才能转化为现实生产力，才能感受到技能水平对于每个人在创业

过程中的重要意义。

2. 核心特征——视学习为信仰和责任

学习是人人都需要的，创业者自不例外。学习之于创业者，特别是都市型现代农业创业人才，至少有三方面的作用：或开阔眼界，增才广智；或掌握科技，知悉政策；或陶冶情操，怡情养性。通过学习，创业者不但可以了解新知识、新技术和新信息，掌握国家政策以及世界农业的发展趋势，而且能丰富精神生活，培养高雅情趣，使自己身心康健，甚至还有助于实现家庭和睦、社会和谐。所以，从某种意义上讲，都市型现代农业创业人才的学习不是一般的技术技能性学习，也不是一个简单的志趣习惯问题，而是一种人生信仰，一种责无旁贷的责任，是要通过学习站得更高、看得更远，能够影响、带动周围其他农民群众不断进步、共同提高，并形成一个“召之即来、来之能战、战之能胜”的学习型队伍或组织。

3. 本质特征——懂市场、会经营、善管理

在社会主义市场经济向纵深发展的大背景下，都市型现代农业的发展对其引领者的要求首先是市场经济对都市型现代农业创业人才本质特征的要求，即成为懂市场、会经营、善管理的市场型农业从业者。一方面，懂市场是指都市型现代农业创业人才必须了解、熟悉现代市场中存在的基本规律和各种风险，善于捕捉市场信息，具备一定市场行为能力和意识，其中，市场意识包括平等竞争意识、合作共赢意识、风险防范意识、效益财富意识以及维权用权意识，等等。另一方面，会经营、善管理要求都市型现代农业创业人才须有一定的适应市场经济发展的经营管理能力，能够将农业作为致富的项目和产业，通过高效的经营管理实现资本的增值和扩大再生产，以求达到进一步开拓市场的目的。

4. 关键特征——亲农重农、兴农为农

研究表明，人对某一种事物的热爱，不仅是其行动的动力，同时也是事物发展的助推器。作为都市型现代农业创业人才，文化学历、技术技能等虽然重要，但更重要的应是深切热爱“三农”各项事业的赤子情怀，能够亲农重农、兴农为农。进入新世纪，特别是党的十六大以来，党中央提出把“三农”问题作为全党工作重中之重，并放在了国家政治生活中

的重要位置。“三农”发展由此进入了历史上最好时期。但是我们也要清醒地看到，当前离农倾向、轻农思想较为普遍，加上社会上轻（卑）视农业的传统意识和习惯势力，以及务农本身的艰苦坏境和偏低的经济收入，使得今天的年轻一代不愿从事农业这个行业，以致出现了学（务）农不爱农的社会不良现象。

前苏联教育家苏霍姆林斯基曾说：“如果农村青年中在智力发展方面最好的这部分人继续地离开农村，那么农业生产的发展必将有一天会停滞”。所以，为防止、避免这种情况的发生，实现农业的现代化和农村的繁荣、进步，当前我国尤其要注重培养知农、近农、爱农的精神，让更多的人成为“服务三农、热爱三农、并以三农为人生事业”的都市型现代农业创业人才。

第二节 都市型现代农业创业人才培育的理论依据

一、人力资本理论

20世纪60年代，美国经济学家舒尔茨开创性地提出了人力资本理论，揭示了人口质量提高对经济发展推动的内在关系，指出了人力投资的重要性，并论证了人力资本对一国经济增长的推动作用。据美国经济学家测算，1900—1957年，物质资本投资增加4.5倍，利润只增加3.55倍，人力资本投资增加3.5倍，利润却增加17.55倍，利润产出增加是人力资本投入增加的5倍。由此可见，高质量的人力资源对经济增长可以发挥“倍增”效应。此外，在现代农业发展的新形式、新背景下，都市型现代农业的显著特征之一，就是生产经营方式从传统的小农户分散经营转向高度的集约化经营和社会化服务。而要实现这一转变，就必须对一些特殊群体进行“知识化、职业化和现代化”的改造，使他们的思想观念、知识技能、行为方式能助推农业发展的步伐。一言以蔽之，现阶段着力培育都市型现代农业创业人才不仅是一种重要的人力投资，更是舒尔茨的人力资本理论在现代农业中的具体应用。

二、教育经济理论

教育的经济效益，是指通过教育培养出的各类人才投入到生产领域，并与生产资料相结合，而在生产部门中取得的国民收入增长额，抵偿了全部教育投入之后的余额（胡少明，2008）。根据这一原理，在研究都市型现代农业创业人才的培育效果时，其着眼点应放在创业教育培训后所取得的生产效益上。一般而言，教育投资是通过教育投入使劳动者素质得到提高，然后凭借劳动者对科技的掌握来直接作用于物化的劳动，并产生相应的生产力，从而促进经济增长。这一过程也实现了由教育过程向物质生产过程的转变。另外，教育在提高人力资本的过程中，还会带来很大的收益。首先，教育能给受众带来私人收益。因为教育能提高专业技能、增加家庭收入、实现人生理想、丰富生活乐趣等。其次，教育还会产生社会收益。譬如，农业从业者素质的提高不仅有利于农村人力资源开发，而且还会加快技术进步，提高农业生产效率，降低生产经营成本。

三、素质教育理论

素质教育是时代发展的要求，更是我国更新教育观念、改革教育体制以及重构人才培养模式的现实需要。1994 年《中共中央关于进一步加强和改进学校德育工作的若干意见》明确提出了要加强素质教育。素质教育是一种与应试教育相对应的、以提高受教育者诸方面素质为目标的教育模式。实施素质教育就是通过科学的教育途径把学生培养成现实的人、人性的人、智慧的人、创新的人的教育活动。其根本目的包括两个方面，一是为了学生更好地发展，即学生的天赋素质在教育实践中逐渐发展和成熟的同时，对先天素质上的某些缺陷或不具备的方面，通过教育和实践获得某种程度的改善和弥补。而且，更重要的是使学生的后天素质获得充分的发展，以达到人的整体素质全面、和谐的发展（闫素青，2009）。二是为了社会更好地发展。由于创业教育是素质教育的一个重要方面，也是全面推进素质教育的重要突破口，因此，素质教育在某种意义上可作为培育都市型现代农业创业人才的主要理论依据。更进一步来讲，研究都市型现代农业创业人才培育应充分遵循素质教育的科学性、时代性、系统性、差异性和实践性等固有原则，着眼于学员自身及社会长远发展的要求，注重为学员搭建合理的创业知识结构，培养相应的态度、品质和能力，全面开发学员的潜质与优势，提高学员创业的综合素质。

四、行为动力理论

行为动力理论属于心理学范畴，它主要研究人的需要和动机或人的行为是如何被推动和维持的理论。心理学研究表明，需要是个体感到某种缺失或不足时力求获得满足的心理倾向，是个体一切行为产生的源泉，并常以意向、愿望等形式表现出来。动机是指激发和维持个体的行动，并使行动朝向某一目标，以满足各种需要的特殊心理状态和意愿，在心理学上，它一般涉及行为的发端、方向、强度和持续性。行为科学家认为，需要是动机形成的基础，人们的需要有许许多多，动机也就有许许多多。比如，人作为生物个体和社会成员，不仅要生存，而且希望享受高品位的生活，赢得别人的尊重与认可，追求自己的人生理想和意义。同时，又面临各种挑战，往往对现实的生活条件、社会地位乃至经济收入感到不满或苦恼，产生改善情况、改变现状的愿望，当这种愿望受到外部刺激物的作用时，就会转化为动机，驱使人想尽办法接近或实现目标。基于此，行为动力理论可为都市型现代农业创业人才培育提供心理学的理论支持，而实施相应的创业教育培训就是为都市型现代农业人才走向创业提供外部诱因。许多都市型现代农业人才都具有创业意愿，却苦于见识浅陋，方向不明、目标不清，又缺乏外在指导，致使创业意愿不能形成创业动机，或错失创业机遇。创业教育培训作为外在因素，就是要促使学员通过学习和实践，提高创业能力，发挥创业潜能，将创业意愿转化为创业行为，为社会创造更多的就业岗位，实现人生的社会价值。

五、人的自由全面发展理论

一切人的自由而全面发展的命题，是马克思主义人学理论的经典内容。在马克思的人学视野里，所谓“人的自由全面发展”，蕴含了两个方面的内容：一是人的全面发展，马克思（1979）将其定义为“人以一种全面的方式，也就是说，作为一个完整的人，占有自己的全面的本质”。其中，“全面”这个概念包含两层意思，即，人的需求的全面性和人的能力的全面性，这对我们构建都市型现代农业创业人才培育模式中把握“专”与“通”的关系有指导意义。二是人的自由发展，恩格斯（1995）曾说“人终于成为自己的社会结合的主人，从而也就成为自然界的主人，成为自己本身的主人——自由的人”。由此，我们可以这样认为，人的自由发展是指人自由自主地发展自己的个性和才能，施展自己的才华和力量，简而言之，就是让人的个性、人格、独立性、选择性和创造性最大限度的“不受阻碍地发展”。都市型现代农业创业人才培育研究就是建立在以马克思、恩格斯关于人的自由全面发展学说为理论基石之上。培育都市型现代农业创业人才旨在促进学员自由而全面地发展，既要求学员达到充分的个性化，又要求学员各方面素质和潜能得到普遍提高。

第三节　都市型现代农业创业人才培育的定位及可行性

一、都市型现代农业创业人才培育的科学定位

服务面向定位：立足都市型现代农业领域，面向“三农”，培养具有创新精神和实践能力的创业型人才，服务于都市及都市周边农业经济发展和农村社会进步。

主要受体定位：都市型现代农业创业人才培育的对象定位在都市型现代农业人才，包含五大群体，一是农业高等院校的在校大学生，包括专科（含高职）、本科、硕士和博士，其中以本、专科生为主；二是活跃在城市郊区农村的“大学生村官”队伍；三是涉农中小企业骨干及各种农民合作组织负责人；四是有文化、懂技术、会经营的农村实用人才；最后是

心怀创业意愿的进城返乡新生代农民工群体。

核心目标定位：通过多层次的创业教育培训体系和全方位创业扶持体系，对都市型现代农业人才进行分层次、分类别的培训和指导，使具备创业潜质的学员能够成功创业，使接受创业培训和创业扶持的学员比其他社会普通人员具有更强的创业意识与创业能力，使具有创业志向的都市型现代农业人才敢于创业，勇于创业。

实质阶段定位：突出阶段性培养重点，循序渐进、逐级发展。整个培育过程划分为两个阶段：第一阶段，知识技能传授阶段（实施创业之前），此阶段主要由高校和相关培训机构完成；第二阶段，后续支持服务阶段（启动创业之后），其成效基本取决于创业的软环境（如优惠政策措施、政务服务机制、投融资体制、社会文化等）、硬环境（含载体建设、基础设施、交通物流、区位优势及人居环境等）和发展环境（包括孵化体系与产业化促进体系）。

重点内容定位：提供必需的创业素质和技能准备（包括市场经济观念的形成、创业潜能优势的挖掘、创业意识心理的调适、创业知识技能的传授、创业蓝图的设计规划以及创业投资风险管理的认知等）；营造适宜的创业政策环境与社会创业氛围；建立后续的创业跟踪指导服务体系，使其想创业、能创业、善创业、创成业。

关键类型定位：按都市型现代农业涉及的产业，都市型现代农业创业人才可划分为籽种农业创业人才、生态循环农业创业人才、生活休闲农业创业人才、科技农业创业人才、创意农业创业人才、农产品加工业创业人才和农业物流服务创业人才等。

二、都市型现代农业创业人才培育的可行性

（一）国外开展创业教育的优秀经验可供学习借鉴

创业教育是一项长期而艰巨的任务，也是一种新的教育理念，它倡导高等教育把培养学生的创业精神和创业技能作为基本目标。世界上很多国家在不同程度上进行了创业教育的探索和尝试，积累了丰富的经验，但是

我国创业教育起步较晚，与国外相比，无论在理论上还是实践上都存在很大差距。因此，为了赢得时间，减少都市型现代农业创业人才培育的试验过程，学习、研究并借鉴国外创业教育的成功经验及其运行模式具有积极的现实意义。国外主要发达国家的创业教育经验如表 2-1 所示。

表 2-1 国外发达国家的创业教育经验

国　家	实施创业教育的主要做法或经验
美国	①在创业教育课程设计上，美国高校致力于形成富有特色、丰富完善、覆盖面广、适宜教学与实践的创业教育课程体系。②组建一支雄厚稳定的教学、科研队伍，美国各商学院的教师由专、兼职教师组成，而且创业教育中心一般吸收那些既有创业经验又有学术背景的人士进行教学和研究工作。③开展探究性的教学方式与丰富多彩的第二课堂。前者强调从创业教育理念出发，注重教师、学生与媒介等因素的整合，有利于形成强化学生主体意识和发挥主观能动作用的创业教育环境；后者是美国创业教育的一大特色，其主要表现形式有创业计划项目、合作计划项目及暑期打工活动等。④建立完善规范的创业教育支持体系，包括崇尚个人创业的社会氛围、政府的高度重视、高校领导的支持、多渠道的资金来源、多样化的创业教育机构等（Jerome A Katz，2003；王彩华、李福杰，2008）
英国	①政府提供资金在全国范围内启动创业项目，旨在鼓励大学生创业。②政府拨款建立管理机构，如英国科学创业中心、全国大学生创业委员会等，以促进创业教育的发展。③出台各种投资方案，如高等教育创新基金、科学创业挑战基金、新创业奖学金、王子基金和凤凰基金等，为创业教育提供资金保障。④依托高等教育学会、高等教育基金委员会等教育机构，积极开展创业教育研究，不断探索教与学新模式。⑤利用商业连接网络服务大学生创业，服务项目包括提供政府官方网站各种信息、提供标准化或量身定做的培训项目、一对一的建议和咨询、资金支持并参与举办一些促进创业的运动等（UKSEC，2008；牛长松，2007）
瑞典	①以国际化视野贯穿创业教育的全过程。在瑞典，很多大学经常邀请其他国家的学者教授，结合不同国家的商业实践和创业活动为学生们开拓视野，使学生更多地接触到丰富多彩的理论体系和研究方法。②启动国家创业精神方案，该项目由中小学创业精神培训项目、大学创业精神培训项目、培训人员及服务人员的技能开发项目以及地方性项目等四个独立的子项目构成。③创业教育课程体系以“强调观念与技能开发、突出实践性的教育导向”为基本原则。④建设创业孵化器、科学园和区域性的创业中心网络，推动创业教育的发展。⑤构建了涵盖社会各阶层、全员参与式的教育体系，即从儿童到老年，各年龄层次的人都能够接受到相应的创业教育（Rasmussen & Sorheim，2006；何润宇、高俊山，2008）

（续表）

国　家	实施创业教育的主要做法或经验
日本	①创业教育内容丰富多样，开设的各类相应课程多达928门，大致可分为创业知识类课程（涉及企业经营管理、金融财务、市场运作、法务等）和创业实践训练类课程（如企业计划的制作练习、创办企业经验者经验谈、见习指导等）。②创业教育实施主体多元化，即承担创业课程任务的教师来自不同的背景，有从事经营管理学或经济学教学和科研工作的教师，也有理工出身的教师，还有校外具有实务经验者。③形成不尽相同的创业教育模式，大致可以分为企业家涵养型、创办企业者专门教育型、创办企业的技艺辅助专业型和经营技艺综合练习型等四种类型。④将创业教育与扶植创业相结合，扶植创业通常以“设立专门指导机构和创业基金”“有效利用校友资源”这两种方式进行（大阪商業大学，2004；陈瑞英、顾征，2010）

（二）国内社会经济条件和创业政策环境渐趋成熟

对于国内都市型现代农业创业人才培育的社会经济条件与政策环境，可从以下方面进行可行性分析。首先，21世纪是知识经济（Knowledge Economy、Knowledge Based Economy）时代，相对于农业经济、工业经济，知识经济是一种以知识和信息技术为基础的新型经济形态，其资源性特征为都市型现代农业人才的创业提供了资源优势。其次，全面建设社会主义新农村的战略目标和各地都市型现代农业发展规划为培育都市型现代农业创业人才提供了政治保证。最后，国家和各级地方政府已出台了各项鼓励创业的优惠政策和配套措施。例如，2009年，国务院办公厅发出通知，要求全国各地区、各有关部门要鼓励高校毕业生自主创业，《通知》提出免收行政事业性收费、提供小额担保贷款、享受职业培训补贴和享受更多公共服务四项优惠政策。其中，提供小额担保贷款的金额最高达5万元，这在一定程度上解决了自主创业者因“融资难”而制约企业发展的瓶颈问题；高校毕业生可享受的公共服务主要有政策咨询、项目开发、创业培训、创业孵化、开业指导、跟踪辅导等。第四，随着社会需求日益多元化、消费领域不断扩大化和消费者行为日益主动化，有越来越多的城市居民对优质、绿色、安全、有机农产品的需求以及对回归大自然、享受休闲生活的渴望越来越强烈，而这一切都为都市型现代农业人才创业提供了广阔的空间。

第三章　都市型现代农业创业人才培育状况实证研究

——基于北京市大学生村官和农业高校在校大学生的调查

若要洞悉都市型现代农业创业人才培育的真实状况，前期必须开展主题调研、参与式访谈以掌握培育对象的基本情况。作为前文已定位的且极具代表性的主要培育受体，长久以来，大学生村官和农业高校在校大学生创业受到社会各界的高度关注，因此，本书将仅就这两类特殊群体进行数理实证研究，以期达到见微知著的效果。

第一节　北京市大学生村官创业成才的现状透视

当前，大学生村官创业富民已经成为一个热门词汇，越来越多的大学生村官创业典型涌现出来，把自己青春活力奉献给农村的建设和农民的致富上。创业不仅是对大学生村官综合实力的一次超越与挑战，同时也是时代发展的主题和基石。随着我国城乡一体化进程的加快，农村人才（尤其是农村创业人才）严重短缺问题日渐突出，而要建设“生产发展、生活宽裕、乡风文明、村容整洁、管理民主”的社会主义新农村，发展农村区域经济社会文化事业，实现城乡和谐，就迫切需要有现代知识、现代思想、现代眼光的新农村创业者。

如何扩大都市型现代农业创业队伍，如何进一步帮助和推动大学生在农村创业队伍中站住脚、落下根？经过大量调查发现，高等农林院校加大大学生村官创业成才的教育培养不失为一条良策。将大学生村官培育成创业型人才，不但可以引导大学生村官找准定位，拓宽期满出路，实现人生价值；而且有利于加快社会主义新农村建设步伐，促进农村区域社会经济协调、健康发展。为了解当代大学生村官创业的基本信息，探索培育大学生村官创业成才的一般规律，笔者选择北京地区的大学生村官进行调查研究，期望通过有一定覆盖面和代表性的调查，提出将大学生村官培养成都市型现代农业创业人才的有效途径或模式。

一、调查概况与样本特征

（一）调查概况

早在2005年，北京市委市政府就以办公厅名义下发了《关于引导和鼓励高校毕业生面向基层就业的实施意见》。同年，市委组织部、教工委、农工委等10个部门联合下发《关于引导和鼓励高校毕业生到农村基层就业创业实现村村有大学生目标的实施方案》的通知，要求结合北京实际，采取公开招聘的方式，聘用北京生源的普通高校毕业生以及非北京生源的北京地区普通高校毕业生，担任村党支部书记助理、村委会主任助理，3年之内确保实现“村村有大学生，每村有两名大学生”的工作目标。至2006年上半年，北京市13个远近郊区县先后组建了此项工作的领导和工作机构，正式启动实施北京市的大学生村官工作，之后每年都有约8 000位“村官”助理活跃在京郊各村。随着城镇化进程加快等因素，近年北京市选聘大学生村官的规模不断缩小，2016年选聘大学生村官仅800人，同比减少700人。

鉴于北京市大学生村官的代表性，笔者组织10名学生于2016年4—7月在京郊各区县发放调查问卷，问卷形式以纸质版为主，共计200份，回收有效问卷161份，有效率达80%。调查对象和内容是北京市各郊区县大学生村官创业成才的基本情况。

（二）样本数据特征

通过本次调研发现，绝大部分大学生村官来自北京本地的28所高校，如中国农业大学、北京林业大学、北京农学院、中央财经大学、中央民族大学、首都经贸大学、北京航空航天大学、北京师范大学、首都师范大学、中国政法大学、北京工业大学、北京化工大学、北京理工大学、北京科技大学、北京工商大学、北京联合大学、北京第二外国语学院、北京邮电大学、北京物资学院、北京教育学院等；剩余少数“村官”来自京外5所高校，如西南财经大学、沈阳农业大学、南昌航空航天大学、东北林业大学、安徽师范大学等。

从调查对象所学专业来看，涉及范围非常广，包含会计、工商管理、市场营销、植科、园林、生物技术、畜牧、动医、社会工作、农经、金融、计算机、旅游管理、数学、通信工程、食品安全、物流、电子商务、国贸、出版传播、农学、林学、建筑学、企业管理、土木工程、中文、汉语言文学、广告学、环境科学等近30个专业。其中，受访人数最多的有7个专业，它们依序是会计（占17.9%）、工商管理（占10.7%）、市场营销（占5.8%）、植科（占5.5%）、园林（占3.8%）、生物技术（占3.4%）和畜牧（占3.1%）。调查样本的其他分布情况如表3-1所示。

表3-1　调查对象的基本特征

调查项目	样本分类	人　数	百分比（%）
性别	男	74	45.6
	女	87	54.4
政治面貌	中共党员	88	56.4
	共青团员	60	38.5
	民主党派	2	1.3
	群众	6	3.8
担任村官年数	1年不到	69	44.2
	1~2年	56	35.9
	2~3年	20	12.8
	3年以上	11	7.1
创业情况	考虑过，但没实施	98	61.0
	从未有创业打算	36	22.6
	正在进行创业	12	7.7
	曾创业，现已停止	14	8.7

二、调查结果分析

（一）一般描述性统计分析

1. 大学生村官创业的优势和应具备的素质

为了解大学生村官相对其他社会阶层的创业优势，笔者在调查问卷中，针对这个问题预设了5个选项，即：年轻有活力，勇于拼搏；专业素质较高；政府扶持力度大；能吃苦耐劳，有远大志向；学习能力强，有创新精神等。调查结果显示，在上述所有创业优势中，大学生村官有两大优势特别突出，分别占到27.2%和24.6%，它们依次是“年轻有活力，勇于拼搏”和“专业素质较高”。

在问及“大学生村官创业应具备哪些素质”时，85.5%的受访者认为大学生村官创业应具备“远大的理想和抱负；丰富的专业知识；较强的环境适应能力；良好的组织协调能力；勤奋刻苦、吃苦耐劳的精神；力求上进的品质以及超强的学习能力”等。其中，最重要的是勤奋刻苦、吃苦耐劳的精神，占受访者人数的24.6%；其次，是较强的环境适应能力，占21.7%；以下分别是“远大的理想和抱负，占19%”“力求上进的品质，占11.9%”“良好的组织协调能力，占8.3%”等（表3-2）。

表3-2　大学生村官创业的优势和应具备的素质

调查项目	选　项	人　数	百分比（%）	排　序
大学生村官创业的相对优势	年轻有活力，勇于拼搏	146	27.2	1
	专业素质较高	132	24.6	2
	政府扶持力度大	73	13.6	5
	能吃苦耐劳，有远大志向	85	15.9	4
	学习能力强，有创新精神	100	18.7	3
大学生村官创业应具备的素质	远大的理想和抱负	131	19	3
	丰富的专业知识	50	7.3	6
	较强的环境适应能力	149	21.7	2
	良好的组织协调能力	57	8.3	5
	勤奋刻苦、吃苦耐劳的精神	169	24.6	1
	力求上进的品质	82	11.9	4
	超强的学习能力	50	7.3	6

2. 大学生村官创业的形式与资金来源

具体的创业形式有3种，包括合伙创业、自主创业和依托企业创业。由于现在社会更加讲究一个团队协作精神，因此，愿意选择合伙创业形式的受访者相对最多占到43.7%。而且选择合伙形式进行创业的大学生村官，更多的倾向于组建小型团队。

据调查，大学生村官创业启动资金主要依靠专项小额贷款、商业贷款、创业基金和自主筹资，而共同出资、政府与社会资助以及其他筹资方式所占比重相对较小。其中，38.8%的受访者选择了银行贷款（包括专项小额贷款和商业贷款），17.6%的受访者选择创业基金，17.1%的受访者选择自主筹资，另外，还有15.5%、10.6%的受访者分别选择共同出资和政府与社会资助（图3-1）。可见，为鼓励大学生村官创业，我国相继出台了一系列优惠政策予以支持，这些政策的实施促使了大量创业者选择银行贷款和创业基金的方式筹资。此外，共同出资是一种风险共担的方式，而且彼此取长补短，更能使创业的脚步快速走上轨道，对于大学生村官来说这无疑也将会是最佳选择之一。

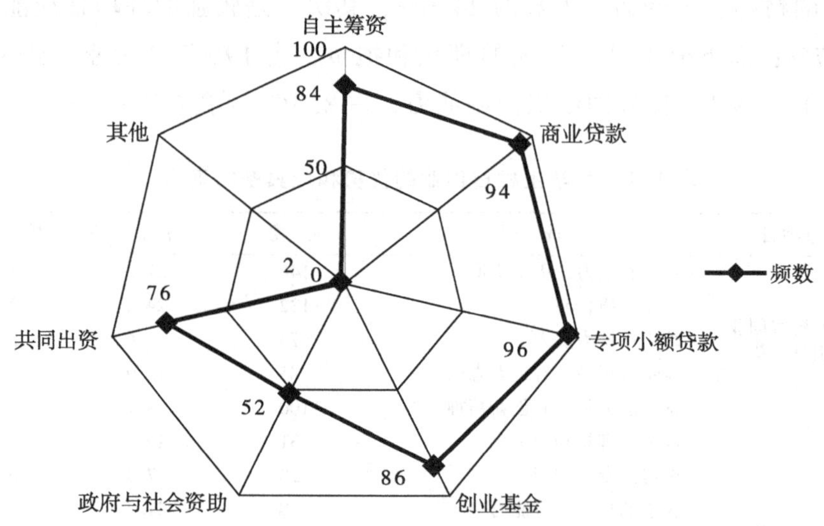

图3-1 大学生村官获取创业资金的渠道

3. 大学生村官希望政府给予的创业扶持

就目前所面临的现实情况，政府在落实大学生村官创业服务工作时，一方面既要积极引导、鼓励大学生村官创业，另一方面还须给予大学生村官一定的创业扶持。

据调查，30.5%的受访者希望政府健全大学生村官创业成才的保障制度；24.5%的受访者希望政府加强大学生村官创业成才的政策支持；13.7%的受访者希望政府完善基层团组织服务村官创业成才工作考核机制；13.0%的受访者希望政府加大社会宣传力度，创造良好的社会环境；此外，还有12.3%的受访者希望政府各职能部门出资，为大学生村官提供定期培训和教育；5.8%的受访者希望政府强化监督，确保相关政策的有效落实；等等。由此可知，要想服务好大学生村官创业，政府应想村官所想，力争为他们创造适宜的创业环境和条件。

4. 影响大学生村官创业的内、外部因素

虽然越来越多的大学生村官开始接受创业，渴望通过创业实现自己的梦想，体现个人的价值，但是不可否认的是，时下还存在着很多影响大学生村官创业的内外部因素（详见表3-3）。在对影响大学生村官创业的内部因素的调查中，33.7%（172人）的村官认为是缺乏相关知识、经验和技能；26.9%（137人）的村官选择创业启动资金不足，23.3%（115人）的村官选择对农村工作不熟悉，无法结合实际进行创业。另外，从影响大学生村官创业的外在因素可以看出，28.7%（150人）的村官选择“村民的认可和参与”；24.9%（130人）的村官认为是“各级政府组织的重视和关心”，22.0%（115人）的村官选择“本村经济社会发展的实际情况”。这表明，影响和决定大多数村官创业的外部因素不仅仅是各级政府组织的重视和关心，更多的是他们服务所在村村民的认可和参与，以及该村的经济社会发展实际情况，大学生村官对此有比较清晰的认识。

表 3-3　影响大学生村官创业的内、外部条件

调查项目	选　项	人　数	百分比（%）	排　序
内在影响因素	对农村工作不熟悉，无法结合实际进行创业	119	23.3	3
	创业启动资金不足	137	26.9	2
	缺乏相关知识、经验和技能	172	33.7	1
	吃不起苦，缺少创业信心	52	10.2	4
	其他事情太多，没有时间和精力	30	5.9	5
外部影响因素	各级政府组织的重视和关心	130	24.9	2
	村民的认可和参与	150	28.7	1
	本村经济社会发展的实际状况	115	22.0	3
	社会资源的整合落实程度	66	12.6	4
	村干部与领导班子对大学生村官创业的支持	58	11.1	5
	其他	4	0.8	6

5. 大学生村官创业培训需求与效果评价

表 3-4 显示，37.5%的大学生村官参加创业培训目的是“了解当前国内创业形势”；选择“熟悉创业的过程和方法”的占25.9%，选择“结识一些有创业经验的人”的占13.4%；选择“掌握创业相关技能和知识”的占23.2%。就大学生村官希望创业导师给予的帮助来看，选择“创业项目的挑选与申报”的比例最高，为30.4%；其次为“指点经营技巧和方法”，比重为29.6%，“创业政策法规指导”占到22.5%，而“传授实战的管理经验”所占比重相对比较低，只有17.5%。在大学生村官对创业培训效果的评价方面，11.9%的大学生村官表示参加创业培训活动对自己帮助很大，56.3%的大学生村官认为参加创业培训活动有些帮助，此外，28.1%的大学生村官认为创业培训效果一般，3.7%的大学生村官认为参加创业培训对己帮助不大。以上数据表明，虽然大学生村官对创业培训效果的评价不是特别的理想，但总体上还是取得了一定的效果，提高了大学生村官的创业意识和知识技能水平。

表 3-4 创业培训需求与效果评价调查

序 号	调查项目	选 项	人 数	百分比（%）
1	参加创业培训的目的	熟悉创业的过程和方法	58	25.9
		了解当前国内创业形势	84	37.5
		结识一些有创业经验的人	30	13.4
		掌握创业相关技能和知识	52	23.2
2	希望创业导师给予哪些帮助	创业政策法规指导	115	22.5
		创业项目的挑选与申报	155	30.4
		指点经营技巧和方法	151	29.6
		传授实战的管理经验	89	17.5
3	您对创业培训效用的评价	帮助很大	16	11.9
		有些帮助	76	56.3
		效果一般	38	28.1
		帮助不大	5	3.7

（二）大学生村官对政府创业政策态度与关注度的对应分析

1. 分析方法

对应分析（correspondence analysis），又称相应分析，是法国数学家 Jean-Paul Benzecri 和日本统计学家 Hayashi Chikio 于 1970 年提出的一种多元统计方法。该方法通过对原始数据矩阵加以变换，将 R 型和 Q 型因子分析有机地结合在一起，不仅使计算工作量大大减少，而且可以把变量和样品的因子载荷点阵绘制在同一张坐标纸上，得到样品随变量变化的规律，从而为问题的专业解释提供线索，成为一种图形化的探索性研究工具（李克均等，2008）。现借用此方法分析大学生村官对政府鼓励村官创业的态度与其对创业政策法规的关注度之间的关系。数据见表 3-5。

表 3-5 资料阵

对政府鼓励村官创业的态度	对创业政策法规的关注度				
	经常关注，很清楚	有时关注，比较清楚	很少关注，知道一点	从未关注，不清楚	合 计
非常支持，可作考核依据	27	56	12	0	95
支持，但应把握尺度	26	92	27	12	157
中立，没啥感觉	4	14	18	0	36
反对，条件不成熟	0	0	3	0	3
合计	57	162	60	12	291

2. 结果与讨论

经 SPSS 统计软件处理之后，结果如表 3-6 和图 3-2 所示。由表 3-5 和表 3-6 可知，大学生村官对政府鼓励村官创业的态度与其对创业政策法规的关注度有关联性（$\chi^2=48.657$，$P=0.000<0.01$）。奇异值代表行、列变量间的相关系数，此处在第一维度上的相关系数是 0.350。惯量是奇异值的平方，相当于因子分析中常说的特征根，主要用于说明各个维度的结果能够解释列联表中两个变量间联系的程度。如下表 3-6 所示，第一与第二维度上的惯量值分别为 0.123、0.044，其对应右侧的惯量贡献比例依次是 73.3%和 26.3%，累积贡献比例达 99.7%。换而言之，这两个维度能够解释总信息量的 99.7%，二维图形基本可以反映两变量间的全部信息。

表 3-6　对应分析摘要汇总表

维度	奇异值	特征根	卡方值	P	特征根的方差贡献比		奇异值的精确度	
					维度贡献	累计贡献	标准差	2 维相关性
1	0.350	0.123			0.733	0.733	0.063	0.041
2	0.210	0.044			0.263	0.997	0.038	
3	0.023	0.001			0.003	1.000		
合计		0.167	48.657	0.000	1.000	1.000		

图 3-2 是对应分析最重要的结果——对应分析图，可从两方面去解读对应分析图。首先，分别从横坐标和纵坐标方向考察变量不同类别之间的稀疏，如果靠得近，则说明在该维度上这些类别区别不大。其次，比较不同变量各个类别之间的关系，以坐标点（0，0）为中心，将平面划分成不同的区域，位于相同区域的不同变量的分类点之间的关联较强（赵宏林等，2008）。

遵循以上的规则，由图 3-2 所示的对应分析图可知大学生村官的四种态度分布与其对创业政策法规的关注度存在较强的交互效应："非常支持，可作考核依据"与"经常关注，很清楚"高相关联；"支持，但应把握尺度"与"有时关注，比较清楚"联系最密切；"中立，没啥感觉"与

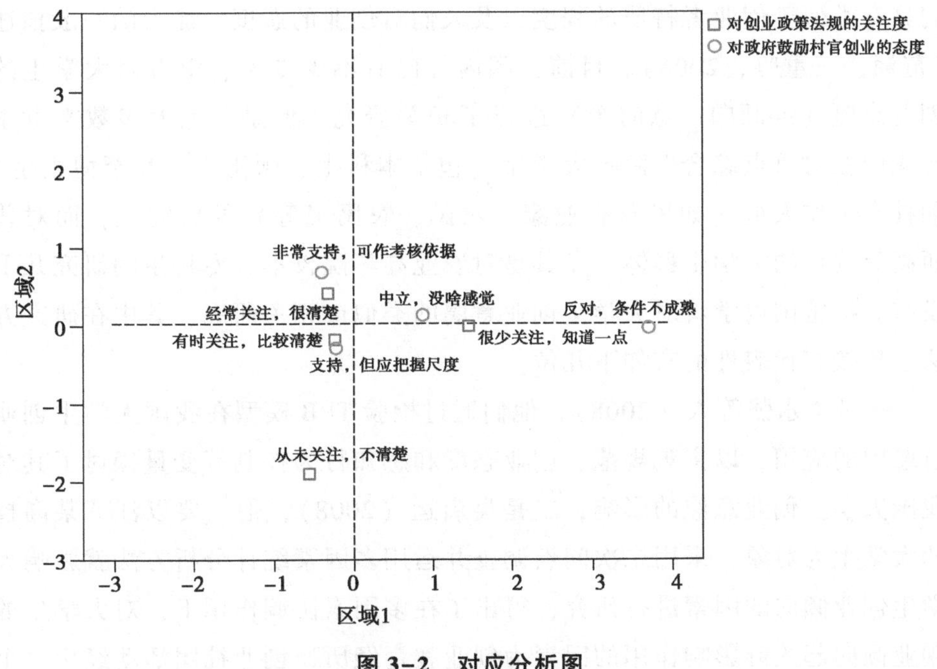

图 3-2　对应分析图

"很少关注，知道一点"存在联系；另外，与其他几种态度相比，"反对，条件不成熟"与"从未关注，不清楚"没有联系。

由上可知，大学生村官对创业政策法规的关注度会影响其对政府鼓励村官创业的态度，而影响力的大小则由大学生村官对创业政策法规的熟悉程度所决定，即对创业政策法规越清楚的大学生村官越会支持政府鼓励村官创业。所以，更深入的来讲，当前政府应进一步加大各项创业政策法规的宣传力度，提高大学生村官对政府行为的满意度和理解度。

第二节　农业高等院校大学生创业意愿的影响因素分析

一、基本假设

创业意愿是指潜在创业者对从事创业活动与否的一种主观态度，是人们具有类似于创业者特质的程度以及人们对创业的态度、能力的一般描述（范巍、王重鸣，2006）。目前，国内外已有不少专家、学者对大学生的创业意愿（或倾向、意向等）进行了相关研究，但是，绝大多数文章主要集中在对重点综合性院校大学生（包括本科生、硕士生，甚至博士生）和社会工作人员（如民营企业家、农民、农民工等）的研究上，而对普通高等院校的大学生群体，尤其是对农业高等院校本、专科生的研究几乎没有。综览国内学者对大学生创业意愿的类似或相关研究，其中在研究方法上比较有代表性的有如下几位。

一是李永强等人（2008），他们通过检验TPB模型在我国大学生创业意愿中的应用，以主观规范、创业态度和感知行为控制等变量探讨了其对我国大学生创业意愿的影响；二是吴启运（2008），他主要以江苏某高校的大学生为对象，采用二次问卷调查并运用多因素统计分析方法就影响大学生创业倾向的因素进行研究，得出了在多因素协调作用下，对大学生的创业倾向起关键影响作用的因素为创业教育经历、创业社团活动经历、个体的创新性和独立欲；三是叶映华（2009），他采用结构方程建模技术构建了大学生创业人格特质、创业社会资源、创业先前知识、创业认知与创业意向的关系模型，并对大学生创业意向进行了测试。

结合已有的研究和对现实情况的思考，本书对农业高等院校大学生的创业意愿影响因素提出如下假设：

假设一：农业高等院校大学生的个体特征对其创业意愿有影响。主要表现在：①从性别角度看，男生具有更强的风险承受能力和冒险求进精神，所以男生的创业意愿较之于女生更强烈。②受教育年限与大学生创业意愿成正相关，由于受教育时间越长的大学生相对更善于领悟新知识、接受新事物，因此其越有可能创业。③健康状况与大学生创业意愿成正相关，一般情况下，体质好的大学生比体质差的大学生更具备去创业的身体条件。④学习情况（是否获过奖学金）与大学生创业意愿成负相关，这是因为学习成绩越好的大学生越倾向于继续升学或考公务员。

假设二：农业高等院校大学生的家庭特征对其创业意愿有影响。主要表现在：①家庭经济情况与大学生的创业意愿成正相关，对于此，可解释为大学生的家庭经济收入越高，其承担经济风险的能力就越强，因而他们将更敢于创业。②亲朋好友是否创业与大学生的创业意愿成正相关，即，如果大学生身边的亲朋好友中有人正在创业，那么，其自身也会受这种创业氛围的影响而具有较强的创业意愿。

假设三：就业创业教育对农业高等院校大学生的创业意愿有影响。主要表现在：①大学生是否受过创业培训与其创业意愿呈正向关系，相较于未参加过创业培训的大学生，受过创业培训的大学生会在潜移默化中受到创业思想的影响和冲击，而具有更强烈的创业意愿。②自身就业难易预期与大学生创业意愿负相关，如果大学生对未来就业的预期越乐观，那么他们的创业意愿就会越减弱。③创业回馈前景估计与大学生创业意愿成正相关，即大学生对创业回馈或前景的估计越好，则他们就越可能会去选择创业。

假设四：社会实践活动对农业高等院校大学生的创业意愿有影响。主要表现在：是否组织过各类社会活动（特别是社会实践活动）与大学生创业意愿成正相关。与从没组织过活动的大学生相比，组织过活动的大学生往往具有更强的组织领导能力、沟通协调能力以及团结合作精神，而这些优良素质却又是创业者所不可或缺的，所以在某种程度上，他们相对更有可能去创业。

二、数据来源、模型构建与变量选择

（一）数据来源

2015 年，北京市出台《北京市人民政府关于大力推进大众创业万众创新的实施意见》，主要围绕创新创业服务体系、发展形态、空间布局以及保障机制明确四大重点任务，提出了推动大众创业万众创新的具体意见和主要举措。2016 年，北京市教委与北京市财政局联合印发《北京高校大学生就业创业项目管理办法》，将对优秀大学生创业团队给予最高 20 万元奖励，对高校示范性创业中心给予每校 50 万元的支持。除了物质上的鼓励，北京市还将为创业的高校在校生办理《就业创业证》，持证学生可按规定申请享受税收优惠政策。

虑及以上形势背景下，本章节研究数据资料主要来自实地问卷调查。2016年5—7月，笔者组织了15名大学生对中国农业大学和北京农学院的在校大学生进行了调查。此次调查共计发放问卷450份，回收390份，回收率87%，剔除重要指标缺失以及有错误信息的样本后，最终得到有效问卷326份，问卷有效率83.6%。样本的具体情况如表3-7所示。数据资料处理以统计描述和计量分析为主，所采用的统计软件为SPSS18.0。

表3-7 样本基本情况

项目类别	样本分类	频数	百分比（%）	项目类别	样本分类	频数	百分比（%）
性别	男	104	32.3	专业学科类别	理	55	17.0
	女	218	67.7		工	49	15.1
年龄	20岁以下	145	46.6		农	109	33.6
	21~24岁	143	46.0		经管	76	23.5
	25岁以上	23	7.4		文	31	9.6
生源	京内	173	55.1		其他	4	1.2
	京外	141	44.9	家庭户籍	居民户	204	62.8
政治面貌	党员	65	20.2		农牧户	121	37.2
	团员	250	77.9	家庭经济情况	好	44	13.9
	群众	6	1.9		较好	145	45.9
健康状况	优	166	53.0		较差	85	26.9
	良	126	40.3		差	42	13.3
	中等	18	5.8	学校	学校1	300	66.7
	较差	3	1.0		学校2	150	33.3

注：学校1——中国农业大学；学校2——北京农学院

（二）模型构建

本书以农业高等院校大学生是否愿意创业为因变量y，研究一组自变量x（影响因素）如何影响农业高等院校大学生的创业意愿。由于因变量是二分变量，可取值为［0，1］，因此，本书选择建立二元Logistic回归模型。

当y=1时，用P表示“愿意”的概率；当y=0时，用1-P表示“不愿意”的概率；另外，用 x_1、x_2……x_k 分别表示影响因素。将 P/（1-P）取自然对数，得到 Ln（P/（1-P）），对 y 做 Logit 转换，记为 Logit（y）。建立如下的线性回归方程：

$$Logit(y) = Ln\left(\frac{p}{(1-p)}\right) = \beta_0 + \beta_1 x_1 + \beta_2 x_2 + \cdots\cdots + \beta_K x_K \quad (1)$$

或者：

$$odds = \frac{p}{(1-p)} = e^y \quad (2)$$

其中：*odds*——农业高等院校大学生创业意愿的发生比；

$$y —— y = \beta_0 + \beta_1 x_1 + \beta_2 x_2 + \cdots\cdots + \beta_K x_K$$

以 y 作因变量，Logistic 回归模型可表示为：

$$p = \frac{1}{1 + e^{-Logit(y)}} = \frac{1}{1 + e^{-(\beta_0 + \beta_1 X_1 + \beta_2 X_2 + \cdots\cdots + \beta_K X_K)}} \quad (3)$$

（三）变量选择

在调查农业高等院校大学生是否愿意创业时，主要选择大学生的个体特征变量、家庭特征变量、就业创业教育变量以及社会实践活动变量来考察。

其中，个体特征变量包括：年龄、性别、健康状况、受教育年限、是否获过奖学金；家庭特征变量包括：生源、亲朋是否创业、家庭经济情况；就业创业教育变量包括：自身就业难易预期、创业回馈前景估计、是否受过创业培训；社会实践活动变量有：是否组织过活动。模型各所拟变量的含义及其测量方法如表 3-8 所示。

表 3-8　变量测量及含义

变量名	标　示	单　位	测量方法
是否有创业意愿	y	—	两分类变量（是=1；否=0）
年龄	x_1	岁	连续型变量，实际数据
性别	x_2	—	两分类变量（女=0；男=1）
生源	x_3	—	多分类变量（北京城区=1；北京近郊区=2；北京远郊区=3；京外城镇=4；京外农村=5）
健康状况	x_4	—	次序型变量（优=1；良=2；中等=3；较差=4）

（续表）

变量名	标示	单位	测量方法
受教育年限	x_5	年	连续型变量，实际数据
家庭经济情况	x_6	—	次序型变量（好=1；较好=2；较差=3；差=4）
亲朋是否创业	x_7	—	两分类变量（否=0；是=1）
是否获过奖学金	x_8	—	两分类变量（否=0；是=1）
是否组织过活动	x_9	—	两分类变量（否=0；是=1）
自身就业难易预期	x_{10}	—	次序型变量（容易=1；比较容易=2；比较难=3；很难=4；说不清=5）
创业回馈前景估计	x_{11}	—	次序型变量（很好=1；比较好=2；不好=3；非常糟糕=4；说不清=5）
是否受过创业培训	x_{12}	—	两分类变量（否=0；是=1）

变量的描述性统计如表 3-9 所示。

表 3-9　变量的描述性统计

变量	均值	标准差	最小值	最大值	变量	均值	标准差	最小值	最大值
y	0.46	0.499	0	1	x_7	0.27	0.445	0	1
x_1	21.03	2.016	17	32	x_8	0.34	0.476	0	1
x_2	0.32	0.468	0	1	x_9	0.57	0.496	0	1
x_3	2.95	1.461	1	5	x_{10}	2.98	1.143	1	5
x_4	1.55	0.649	1	4	x_{11}	2.98	1.208	1	5
x_5	14.54	1.728	10	20	x_{12}	0.28	0.450	0	1
x_6	2.40	0.887	1	4					

三、二项 Logistic 模型实证结果分析

（一）模型检验

借助上述统计软件，选用“Enter”方法将所有变量强制进入回归方程，然后对二项 Logistic 模型进行分析，结果发现，模型 Hosmer 和 Lemeshow 拟合优度检验和 Omnibus 检验均通过了统计检验（见表 3-10 与表 3-11）。此处需要说明的是，张文彤（2002）认为 Hosmer 和 Lemeshow 拟合优度检验与一般的拟合优度检验不同，该方法通常根据模型预测概率的

大小将所有观察单位十等分，之后再以每一组中应变量各种取值的实测值与理论值计算 Pearson 卡方统计量，最后根据自由度为 8 的卡方分布计算 P 值并对 Logistic 模型进行检验（张文彤，2002）。通常来说，如果 Hosmer 和 Lemeshow 统计量大于 0.05，则表明接受观测数据和预测数据之间没有显著差异的零假设成立，即认为模型对数据的拟合度较好。反之，则表明观测数据和预测数据之间存在显著差异，模型并未与数据在可接受的水平上较好地拟合。表 3-10 中 Hosmer 和 Lemeshow 拟合优度 P 值（$P=0.853$）大于 0.05，这说明本模型的拟合程度较好。

表 3-10　Hosmer 和 Lemeshow 拟合优度检验

Step	Chi-square	df	Sig.
1	4.050	8	0.853

表 3-11　Omnibus 检验

		Chi-square	df	Sig.
Step 1	Step	46.897	12	0.000
	Block	46.897	12	0.000
	Model	46.897	12	0.000

（二）模型参数估计及检验

将自变量引入二项 Logistic 模型中，便得到如下表 3-12 列出的模型回归结果。鉴于不需对 Logistic 回归作任何线性回归之类的解释，因而无论表 3-12 是否给出 Logistic 回归的标准化回归系数，这都不重要，因为表 3-12 显示出了偏回归系数 B，我们只需根据系数 B 值前的正负号，就可判断其变化的方向。按照 Wald 统计量检验标准分析各解释变量的 Sig. 值，可知在 0.05 检验水平下，受教育年限、亲朋是否创业、大学生的性别、家庭经济状况以及是否受过创业培训等五个因素对大学生的创业意愿有着显著影响，具有统计学意义；其他解释变量（如健康状况、是否获过奖学金、自身就业难易预期、创业回馈前景估计以及是否组织过集体活动）则对大学生是否有创业意愿的影响不大。

表 3-12　农业高等院校大学生创业意愿影响因素二项 Logistic 模型回归结果

变量名	B	S. E.	Wald	df	Sig.	Exp（B）	95% C. I. for EXP（B）	
							Lower	Upper
年龄	-0. 146	0. 120	1. 487	1	0. 223	0. 864	0. 683	1. 093
性别	1. 122	0. 356	9. 916	1	0. 002	3. 070	1. 527	6. 172
生源	-0. 057	0. 111	0. 269	1	0. 604	0. 944	0. 760	1. 173
健康状况	-0. 013	0. 233	0. 003	1	0. 956	0. 987	0. 626	1. 558
受教育年限	0. 303	0. 145	4. 381	1	0. 036	1. 354	1. 019	1. 799
家庭经济情况	0. 657	0. 192	11. 710	1	0. 001	1. 928	1. 324	2. 809
亲朋是否创业	0. 776	0. 353	4. 831	1	0. 028	2. 172	1. 088	4. 338
是否获过奖学金	0. 287	0. 360	0. 635	1	0. 426	1. 332	0. 658	2. 700
是否组织过活动	-0. 546	0. 331	2. 724	1	0. 099	0. 579	0. 303	1. 108
自身就业难易预期	-0. 004	0. 149	0. 001	1	0. 978	0. 996	0. 743	1. 335
创业回馈前景估计	0. 068	0. 137	0. 242	1	0. 623	1. 070	0. 817	1. 400
是否受过创业培训	1. 412	0. 360	15. 394	1	0. 000	4. 104	2. 027	8. 307
Constant	-3. 837	1. 856	4. 271	1	0. 039	0. 022		

注：将显著性水平的标准设为 0. 05

对于表 3-12 中显著的变量，分析农业高等院校大学生是否有创业意愿与影响因素间的相关关系，模型分析结果如下。

第一，是否受过创业培训与大学生的创业意愿关系极其密切。表 3-12的结果显示，相对于无创业意愿的大学生，是否受过创业培训的显著性概率值达到 0. 000，具有极其显著的统计学意义。受过创业培训与否同创业意愿呈正向关系，受过创业培训的大学生，其有创业意愿的概率要比没受过创业培训的大学生高出 4. 104 倍。

第二，家庭经济情况对大学生创业意愿的影响相当明显。从表 3-12 可以看出，该因素在统计学上非常显著，概率值为 0. 001，这说明二者之间的关系极为显著。由此可见，家庭经济情况的好差与大学生创业意愿也呈正相关关系。在其他自变量不变的情况下，大学生的家庭经济情况每提高一个等级，他们相应的创业意愿选择优势就改变 1. 928 倍。

第三，大学生的性别与其创业意愿的关系不容忽视。根据变量定义，女性为0、男性为1。随着性别值的增大，大学生的相对创业意愿概率增大。在其他自变量不变的情况下，相对于女大学生，男大学生相应的创业意愿选择优势增加3.070倍。这表明男大学生比女大学生更有创业意愿，更具冒险精神。

第四，亲朋创业与否对大学生的创业意愿亦有较大影响。表3-12的结果显示，在其他自变量不变的情况下，相较于没有亲朋创业的大学生，有亲朋创业的大学生的创业意愿选择优势增加2.172倍。这说明亲戚朋友的创业事迹或经历会对大学生的创业意愿起到一定的带动刺激作用。

第五，大学生的受教育年限与其创业意愿正相关。从表3-12可知，该因素在统计学上比较显著，概率值达到0.036。而且，同其他变量的影响方向一样，受教育年限与大学生创业意愿呈正向关系（B=0.303）。受教育年限越长，大学生创业意愿的相对概率越大。在其他自变量固定的情况下，受教育年限数每增加1个单位，大学生相应的创业意愿选择优势则增加1.354倍。

四、简单结论及政策涵义

本书以农业高等院校在校大学生为例，通过调查问卷的形式，对不同专业各个年级的本、专科进行了抽样调查，并结合模型和数据，分析了目前农业高等院校大学生的创业意愿及其影响因素。研究结果表明，大学生的性别、受教育年限、家庭经济情况、亲朋是否创业以及是否受过创业培训等五大因素对农业高等院校大学生的创业意愿选择均有显著的正向影响；而健康状况、学习情况（是否获过奖学金）、自身就业难易预期、创业回馈前景估计以及是否组织过集体活动等因素未通过统计检验，因而它们对农业高等院校大学生创业意愿的影响并不明显。

基于以上结论，本书针对农业高等院校实施大学生创业教育得出以下政策涵义。

首先，构建规范的创业教育体系，并积极开展创业教育培训。通过选修课、必修课、创业竞赛、创业实践等多种形式，使学生了解创业，并在培训过程中获得与创业相关的知识。创业培训对创业意愿有较大影响作用。虽然现在几乎每个农业高等院校大学生对“创业”都有一定的认识，但是，真正接受过创业培训的大学生只占受访大学生总数的26.1%。可见，农业高等院校在开展创业教育培训上还有广阔的“拓展空间”。详而述之，农业高等院校在进行创业宣讲的同时，还应着力为大学生提供科学、系统、规范的创业教育培训。

其次，营造良好的创业氛围，激发农业高等院校大学生的创业热情。研究结果表明，大学生的亲朋好友是否创业在很大程度上影响着他们的创业意愿。所以，积极营造良好的创业氛围对于激发大学生创业热情、提高大学生创业意识同样具有非常重要的作用。各个农业高等院校可以通过发放创业资料、选树创业典型、举办创业论坛、悬挂横幅标语等多种方式向大学生进行创业宣传，营造“想创业、敢创业、会创业、创大业”的浓烈氛围，以尽可能全面地激发、调动和提高大学生的创业意识与创业积极性。

第三节　都市型现代农业创业人才培育存在的主要问题

一、政府引导层面

尽管国家对创业者出台了若干优惠政策，但是实际上许多优惠政策很难落实到位，以致“创业难”的声音仍然不绝于耳，创业者的积极性被一再挫伤。而且，政府的帮扶，往往只热心于在创业前邀请、引进，而在创业过程中及创业后则很少关注和支持，相关服务工作缺乏主动性和可持续性。比如，一些地方投资用地控制较紧，土地流转机制上缺乏顺势探索和新突破，造成创业者“业未创，心先疲”，削弱发展动力和后劲。又比如小额贷款问题，一边是社会自主创业者日益增多，求“钱”若渴；一边是政府专项贷款少人问津，资源闲置。原因何在？为何政府提供的小额贷款优惠不能为创业者带来真正利好？笔者认为，其根本症结在于贷款的瓶颈并没有得到根本性的突破。据小额贷款的相关条款规定，贷款主要用于创办个体经营项目或合伙经营项目。以大学生为例，如果大学生创办科技公司就不能申请小额贷款，而且要先办企业才能申请贷款，但是办企业须先办执照租场地，按一月租金两月押金规定，办执照成本得费好几万，而这数万元的启动资金就难倒了不少创业的大学生。再比如，有些地方对引导和扶持农民或农民工在乡创业重视不够，缺少具体的关心和实在的帮助，大多只停留在一般的讲话和文件上。也有些地区虽然制定了一些鼓励农民工返乡创业的政策，但与国家针对大中专毕业生、退伍军人、下岗职工等的特殊政策相比，此类政策实施与落实的实用性、有效性较差，缺乏政策的内在吸引力。

二、社会舆论层面

好的舆论环境是创业的助推器，也是生产力。但是，不好的社会舆论偏好往往会阻碍、挫伤人的创业欲望和创业激情，制约社会创业教育培训的健康发展。就目前情况而言，某些社会阶层对创业思想的认识偏离了社会核心价值取向，有待社会舆论正面的引导和归正。一般表现为：①某些媒体过分炒作大学生休学创业的个案，使得部分大学生出现浮躁、冒进的情绪而不对创业风险和创业能力作出理性的评估；②性别歧视，社会舆论对女性创业不公正，据调查，18.2%的受访者者认为社会舆论对女性不公正，19.6%的反映女性在创业中遭遇了社会的性别歧视；③许多人潜意识地把创业教育视为“被择教育”，甚至是“次等教育”，认为只有专业教育才是“正途”，这在很大程度上影响了创业教育的有效展开；④社会上普遍存在着大学生能吃“皇粮”或选择工作稳定、条件优越、工资报酬高的单位就业，才算出人头地、修成正果的传统观念。与此相反，大学生自主创业则被当成“不务正业的大学生”“前途堪忧的大学生”，备受质疑；⑤由于社会媒体对创业成功人士的理想化和精英化塑造，以及现行创业扶持体系的高科技偏好、创业教育本身精英化倾向、精英化大学教育模式等各种因素的影响，我国创业教育培训一开始就带有明显的精英化痕迹，这直接影响了创业教育培训功能的有效发挥。

三、培育对象层面

由于培育对象（以大学毕业生为主体）的“官本位”思想和“鄙农、弃农”观念的影响，以及社会就业形势严峻等多种原因，我国公务员考试十分火爆，其竞争激烈程度远超过了高考和考研，已成为“中国第一考”。自 2002 年以来，国家公务员考试报考人数逐年递增。至 2005 年，获得国家公务员考试资格的人数为 31 万，随后 3 年的数字分别为 36.5 万、53 万和 64 万，更值得注意的是，2009 年报考人数首次突破百万（约 105 万）大关，各职位平均竞争比例为 78 比 1。其中，报考比例超过 1 000 人的有 32 个岗位，中国残疾人联合会的组联部基层组织建设岗成为了此前报名比例最高的岗位，报考比例高达 4 584 ：1。2010 年全国报考国家公务员考试的人数为 143 万，总体竞争比例达到 93：1，较 09 年报名合格总人数平均增长了 37.5%，竞争比例又有所上升。2016 年，全国共有 199.8 万人次网上报名国家公务员考试，最终审核通过 139.46 万人，竞争比为 50：1，虽然报名总数与竞争程度呈“双下降”趋势，基数依然庞大。

诚然，地方公务员考试也炙手可热。据北京人事考试中心统计，2010 年上半年，报考北京公务员并通过审核者有 6 万人，达到历年之最。同时，竞争系数继续攀升，仅海淀区地方税务局税务服务一职就有 2 631 人竞争 4 个名额。与报考公务员“过独木桥”的热情相比，我国大学生创业比例却相当低，平均比例约 0.3%。2016 年，北京市公务员考试报名通过审核并缴费成功的人数已达 7.7 万余人，同时还有一万多人通过审核且等待缴费。竞争比为 11.2：1。另据清华大学创业中心的调查报告显示，中国大学生创业的平均水平低于全球创业观察项目 42 个成员的平均水平。这说明，当今大学生（包括农业高等院校大学生，即都市型现代农业创业人才培育的主体）还未形成走向创业的社会主体价值观念，他们普遍缺少创业意识和内在动力，普遍缺乏一种创新精神、冒险精神和职业精神（李涛朱、星辉，2009）。

四、学校教育层面

我国高校创业教育从开展至今仍存在许多问题，大体可归纳为五个方面，即：理论认知、师资队伍、文化氛围、实践环节和创业课程。其中，前四个方面在全书其他章节均有所提及和论述，故此处仅以创业课程为内容进行深度的专项分析。

（一）创业课程的设置、建设水平“参差不齐”

对于国内各高校开设的创业学课程，中央财经大学周卫中（2005）曾用了四个字——“参差不齐”来形容和概括。他认为，不同类型的高校，对创业教育的重视程度不同，而且在开展创业教育过程中暴露的问题也各异，如财经院校面临很多教师缺乏技术管理方面的学科背景，而一些理工科院校可能遭遇到管理课程方面的“贫乏”问题。同理，细究国内各农业高等院校的创业课程，这种在设置水平上的“参差不齐”状况已然存在很长时期。主要体现在以下六个方面：①是否明确创业教育的教育目标和学科内容；②是否有一套完整的含有创业实践环节的创业课程体系；③有无适合中国创业环境下培养创业能力的特色教材；④是否把对创业课程与就业指导课程混同起来；⑤创业课程的开设是面向低年级学生还是高年级学生；⑥设置的创业课程是普及型的还是精英型的。

（二）创业课程内容过于泛化、笼统，缺乏实际的可行性和操作性

虽然各大农业高等院校已逐渐认识到增加创业实践是创业教育的重中之重。但是，在人才培养的模式上，这类院校仍然着重以“就业导向”为主，致使对创业教育的课程设置更倾向于奉行从简、从泛的原则，即将大量的创业知识以非常浅显的方式浓缩在一两本教材中以形成概论性质的课程。然而，这里值得我们深思的是：这种泛化、笼统的课程，其内容组织体系是否真能在有限的时间内让大学生掌握一些创业相关的实用知识和技能？答案毋庸讳言：不能。由于这类课程的内容多为创业价值层面的知

识，缺乏可操作性和实用性，不具备行之有效的指导作用，因而也就无法有力地促进大学生创业活动的开展。另外，创业是一种实践性很强的活动，大学生若要想创业成功，关键在于培养自己的创业能力和品质，然而，这些很难从书本的纯理论知识中学到。因此，在创业教育中，培养扎实的创业基础理论知识固然重要，但是，加强对创业实践能力的培养更是必不可少。

（三）创业学科课程相对孤立、单调，还没有形成系统化的“课程群”

相较于现代高等教育，创业教育是一门全新的学科，它涉及了多个学科的综合性内容，比如政策法律、经营管理、人际交往、公共关系、以及税务、保险、金融，等等。但就目前各高校设置的创业教育课程来说，《民富论》作者赵延忱（2007）用“准备不足，仓促应战”这八字概括了其状况。譬如，一些农业高等院校虽然开设了与创业相关的课程，但是，这类课程几乎都是孤立、单调的课程，并未被“课程群化”，其内部的逻辑性问题以及同其他课程之间的逻辑性都有待于进一步理清和完善，而且多半以选修课的形式出现。众所周知，创业教育目标必须通过有效的创业课程载体来实现，如果没有系统化的“课程群”则很难将创业者的经验和智慧抽象出一套系统的科学理论，并通过教育的形式传授给学生，达到创业教育的最佳效果。此处的“课程群”是基于中观层面的概念，它是多门单独课程的系统化，是为课程体系建设服务的。其建设的基本思想就是把相关课程组合在一起以进行结构整合，打破课程内容的归属性，从人才的培养目标层次上把握课程内容的分配、实施、保障和技能的实现。

（四）创业课程的开展形式弹性有余，刚性不足，结果往往流于形式

随着我国经济的不断快速增长，创业教育越来越受到重视，如今在全国已是方兴未艾。但是，当前大多数农业高等院校只是将创业教育作为

“正规教育”之外的“业余教育”，未能真正融入到学校正式的教学课程体系当中去，而且在学科的归属问题上，创业教育仍属于经济学领域，至今都还没有成为一、二级学科。这也就从另一侧面解释了为什么自1998年华东师范大学首次开设《创业教育》课程以来，我国高校创业课程的开展依然没有一个固定的模式，总体上表现为弹性有余，刚性不足。比如，创业课程大部分仍以选修的形式出现，唯有少数不多的高校设置成必修课。然而，不管创业课程以何种形式开设，其还存在另一个问题，即开课时间过晚，多半在高年级中开设，而高年级学生却忙于跑市场和找工作，以致创业教育效果不大。此外，还有很多农业院校把对大学生的创业教育和第二课堂活动中的创业计划大赛混同起来，这就导致了多数大学生更偏好于袖手旁观的当“看客”，这就使得创业教育的广度和深度受到很大影响和制约，最终流于形式或走过场。

第四章　都市型现代农业人才创业的SWOT模型与个案分析

——以农业高等院校大学生及大学生村官为例

为帮助都市型现代农业人才认清自身优劣、树立学习标杆、实现自我培育，本章以都市型现代农业创业人才培育的主要受体——农业高等院校大学生和大学生村官为研究对象，借助SWOT模型，分析了农业高等院校大学生创业的内外主客观条件；并通过解读、总结数个都市大学生村官创业的成功案例，为其他有志于都市型现代农业领域创业成才者提供一些有益的启示或思路。

第一节　农业高等院校大学生创业的SWOT模型分析

一、SWOT概述

所谓SWOT分析法，即自我诊断方法或称态势分析法、TOWS分析法等，它是一种能够比较客观准确地分析、研究一个对象现实情况的常用工具。早在20世纪70年代初，美国旧金山大学管理学教授哈佛·安德鲁斯（Andrews）就在《公司战略概念》一书中提出了SWOT这个战略分析理论。目前该理论被企业、公司和研究者广泛运用于市场研究、竞争对手分析和战略管理与规划等领域中。SWOT分析主要从两方面着手：一是内部环境所具有的优势（strengths）及弱势（weaknesses），二是外部环境所面临的机会（opportunities）与危机（threats）。其主旨在于充分认识和了解创业的主客观条件及其存在的问题，最大限度地调动优势资源，捕捉市场机会，规避风险，从而实现企业或组织的战略管理目标。进行SWOT分析的主要步骤如下图4-1所示：

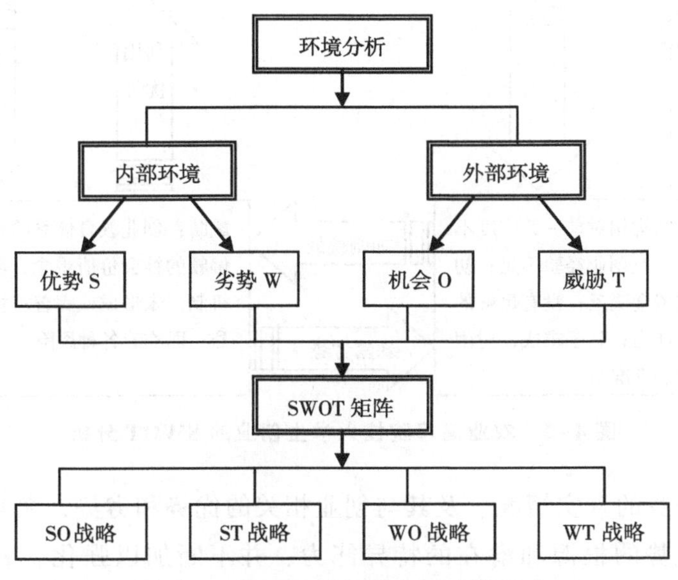

图4-1　SWOT分析的主要步骤示意

二、农业高等院校大学生创业的SWOT分析

本研究将借鉴SWOT分析方法，通过调查罗列出与农业高等院校大学生创业密切相关的各种因素，然后依照矩阵形式进行排列，并运用系统分析的思想，把各种因素相互匹配起来加以分析，从中得出农业高等院校大学生创业的优势和劣势，创业的外部机会与威胁，以期为大学生在创业前认识自我、提升创业能力做好充分的准备；同时，为农业高等院校更好地加强对大学生的创业教育提供理论参考（图4-2）。

（一）农业高等院校大学生创业的内部条件分析

客观分析农业院校大学生创业内部条件的目的就是要摸清这类高等院

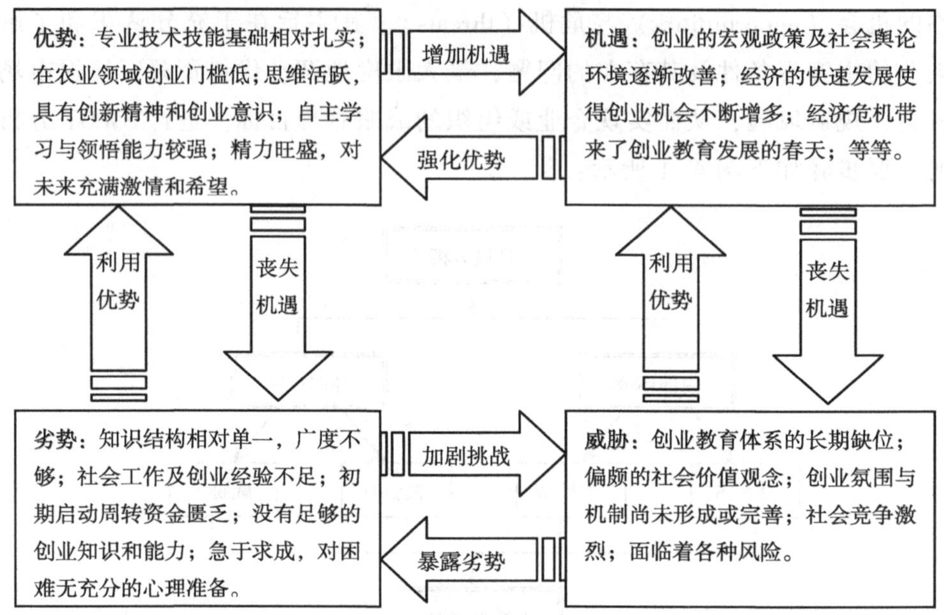

图 4-2　农业高等院校大学生创业的 SWOT 分析

校大学生自身的真实情况、及其与创业相关的优势和劣势，尤其是要找出他们创业优势的根源和潜在的特异能力，并不断加以强化、利用这些优势，以缩小竞争力差距。

1. 优势（Strength）分析

（1）专业技术技能基础相对扎实。由于农业院校大学生在校期间有近三分之一的时间是实验（实训）、实习，因而能够接受到较好的农业技能培训，虽然基础理论水平与综合性大学相比有所欠缺，但实践机会多，动手能力强，这就使得他们手中有过硬的技能，属于既有专业知识又有一技之长的技能型人才。从这点来看，农业院校大学生与其他学科高校的本科生、研究生相比，在都市型现代农业领域内有较突出的“创业比较优势”。

（2）在农业领域创业门槛较低。随着农业的转型升级，现代农业频频向大学生招手，越来越多的大学生跳回“农门”寻求自主创业，其重要原因之一就是在农业领域创业门槛较低，农业生产性投入不大，一般在 2~20 万左右，更关键的是，各级政府对符合条件、在农业领域创业的大学生加大了政策扶持力度。诸如，给每人每年发放创业补助；按照规模大小，给予一定额度以内生产性贷款的全额贴息；或者根据经营状况、还款能力提供一定额度以内的生产性创业贷款担保等。

(3) 思维活跃，具有创新精神和意识。现代大学生处在最新科技前沿，思维普遍活跃，不管他们是不是敢干，但至少是敢想。另外，大学生们具有追新求变、崇尚实践的个性和创新精神，主要表现为他们接受新鲜事物的能力强，乐于对周围事物进行思考并提出自己的看法，并且对传统观念和传统行业有挑战的信心和欲望，只要认准了的事情就能满怀激情地去做，而这种性格特征与执着精神也往往造就了大学生创业的动力源泉，成为成功创业的优势和精神基础。

(4) 自主学习与领悟能力较强。经过几年的系统学习和实训，多数大学生的自主学习能力较强，易于接受新知识、新观念与新事物，有较强理解力和领悟能力，就某些东西来说，只要稍微点拨即能心领神会。

(5) 精力旺盛，对未来充满激情和希望。创业是一项冒险的活动，它需要创业者强大的心理承受能力、全神贯注的投入和直面困难逆境的勇气。大学生往往对未来充满希望和幻想，他们精力旺盛、视野开阔，有着年轻的血液、蓬勃的朝气，敢想敢做，勇于尝试未曾经历过的事情。而且，他们创业意识较强，对自己的创业能力和心理品质自信心较足，有着澎湃的挑战自我、施展抱负的激情，并能逐渐转化为创业过程中百折不挠、勇往直前的精神力量，而这些都是一名创业者所应该具备的基本素质。

2. 劣势（Weakness）分析

(1) 知识结构相对单一，广度不够。这里可从两方面进行分析：其一，知识结构单一。主要表现为：文科大学生，在沟通交流方面有一定的比较优势，但由于忽视理工科专业知识的学习，以致在技术技能操作上表现逊色。而理工科大学生，尽管在统计、筹划、发明制作等方面的优势较为突出，但在知识结构中过于偏重专业知识，以致他们的口头、书面表达能力均有所欠缺，容易影响知识效能在创业实践中的充分发挥。其二，知识的广度不够。由于高等院校的专业设置通常以市场需求为导向，以为某一特定社会领域培养专门人才为目的，因而有其特殊性。但是这种过紧、过严、过专、过于技术性的学科往往会使大学生缺乏对其他知识的了解，容易在未来的创业中因缺乏宽泛的知识和能力储备而后继无力。

（2）社会工作及市场经验不足。大学生虽然掌握了一定的书本理论知识，能够引经据典，侃侃而谈，但由于没有真正在市场实战中演练过。因而在创业初始阶段，他们就缺少了两种必备的重要经验。第一是社会工作经验不足。由于大学生绝大多数时间都封闭在校园内，很少出去体验、了解真实的社会生活。这就使得他们在创业初期往往盲目乐观，而不会对创业过程中可能遇到的失败做好充分的心理准备，以致一但遇到问题，便束手无策，甚至意志消沉。第二是市场经验贫乏。主要表现在：①对市场需求理解不深，把握不准各行业的动态发展信息；②对市场营销的认识、把握不足，短期内还难以胜任企业责任人的角色。

（3）初期启动周转资金匮乏。要创业首先必须解决启动资金问题，然而大学生毕业时一般都是两手空空去创业，除极少数获得家庭支持并筹到创业资金外，大部分同学都将遭遇到资金的困局。目前，我国大学生创业的资金来源主要有三种：一是向父母亲朋好友筹借，但所得金额数量有限，一般只能解燃眉之急；二是寻求风险投资扶持，但这只有少数创业者才能争取得到。其原因是风险投资人（或机构）对大学生的经营管理能力心存疑虑，而且在校大学生的信用档案还未与社会接轨。三是向银行借贷，但贷款银行的要求比较苛刻，对创业项目的盈利前景有严格的评审，而且必须在公司成立后方可申请并要有担保。因此，对大学生创业群体来说，想从银行获得帮助也不太便利，资金问题已成为制约大学生创业的最大困难或瓶颈。

（4）没有足够的创业知识和能力。创业已经成为我国高校毕业生选择前途的一大主题，创业愿景中的美丽风景也诱惑着大批的莘莘学子，然而很多大学生却非常缺乏创业的必备知识和能力。首先，创业基本知识储备不足。主要表现为多数大学生对创业相关的法律与财务，以及国家和各级政府出台的许多优惠政策，如融资、开业、税收、创业培训、创业指导等诸多方面一知半解，甚至茫然不知。其次，创业能力有限，“梦想太大，力量太小”成了他们最真实的写照。尽管大学生在技术上出类拔萃，但理财、营销、沟通、管理方面的能力却普遍不足，不熟悉商业的“游戏规则”。再次，大学生在执行能力（即指管理者的管理能力与员工的工作能力）以及基本的商业能力上仍亟待提升。

（二）农业高等院校大学生创业的外部条件分析

农业高等院校大学生创业的外部条件分析，就是对存在于此类大学生创业组织之外的或周围的各种主客观条件进行分析，促进主体准确把握时机，并针对威胁因素采取应对措施。

1. 机会（Opportunity）分析

（1）宏观环境逐渐改善。为缓解大学生就业压力和促进经济社会发展，十数年来，中央各部门（委）相继出台了一系列鼓励、支持大学生自主创业的相关优惠政策和法律法规。现择要列举如下（表4-1）。

表4-1 历年中央及各部委颁发的主要创业相关政策和法规

时间	机构或部门	重要文件名或会议名	主要内容
2015年6月	国务院	《大力推进大众创业万众创新若干政策措施的意见》	“把创业精神培育和创业素质教育纳入国民教育体系，实现全社会创业教育和培训制度化、体系化。加快完善创业课程设置，加强创业实训体系建设。加强创业导师队伍建设，提高创业服务水平”
2014年5月	国务院办公厅	《关于做好2014年全国普通高等学校毕业生就业创业工作的通知》	“2014年至2017年，在全国范围内实施大学生创业引领计划。通过提供创业服务，落实创业扶持政策，提升创业能力，帮助和扶持更多高校毕业生自主创业，逐步提高高校毕业生创业比例”
2010年6月	教育部	《关于大力推进高等学校创新创业教育和大学生自主创业工作的意见》	“在高等学校开展创新创业教育，积极鼓励高校学生自主创业，是教育系统深入学习实践科学发展观，服务于创新型国家建设的重大战略举措；是深化高等教育教学改革，培养学生创新精神和实践能力的重要途径”

（续表）

时间	机构或部门	重要文件名或会议名	主要内容
2009年2月	国务院办公厅	《关于加强普通高等学校毕业生就业工作的通知》	“鼓励和支持高校毕业生自主创业，强化高校毕业生创业指导服务，提供政策咨询、项目开发、创业培训、创业孵化、小额贷款、开业指导、跟踪辅导的‘一条龙’服务”
2008年9月	中共中央	党的十七大	“实施扩大就业的发展战略，促进以创业带动就业”的总体部署，国务院办公厅转发人力资源社会保障部等部门《关于促进以创业带动就业工作指导意见》的通知
2007年8月	全国人民代表委员会	《中华人民共和国就业促进法》第七条	“国家倡导劳动者树立正确的择业观念，提高就业能力和创业能力；鼓励劳动者自主创业、自谋（职业）”，“各级人民政府和有关部门应当简化程序，提高效率，为劳动者自主创业、自谋（职业）提供便利”
2006年1月	财政部和国家发展改革委员会	《关于对从事个体经营的下岗失业人员和高校毕业生实行收费优惠政策的通知》	“高校毕业生从事个体经营的（除国家限制的行业外），且在工商部门注册登记日期在其毕业后2年以内的，自其在工商部门登记注册之日起3年内免交有关登记类、证照类和管理类收费，并列出了具体的免交收费项目”
2003年9月	国务院办公厅	《关于做好2003年普通高等学校毕业生就业工作的通知》	“凡高校毕业生从事个体经营的，除国家限制的行业外，自工商部门批准其经营之日起1年内免交登记类和管理类的各项行政事业性收费。有条件的地区由地方政府确定，在现有渠道中为高校毕业生提供创业小额贷款和担保”
2002年3月	教育部、公安部、人事部和劳动保障部等	《关于进一步深化普通高等学校毕业生就业制度改革有关问题意见的通知》	“鼓励和支持高校毕业生自主创业，工商和税收部门要简化审批手续，积极给予支持”

此外，为积极响应国家政策，这些年来地方政府也加大了对大学生创业的支持和扶助力度，为他们的自主创业营造了良好的政策、法律及商业等外部环境。

（2）创业机会不断增多。2007年11月，国际劳工组织KAB项目全球协调人克劳斯·哈弗腾顿教授在KAB创业教育（中国）项目年会上指出，“目前，全球任何一个地方都不像中国那样有这么多的创业机会”。仔细想来，哈弗腾顿教授的这番话不无道理，其主要原因是：①我国市场经济还处在发展转变之中，至今不足40年历史，目前仍很不成熟，这就必然蕴藏着大量空白的需求和商机；②改革开放以来，我国经济得到了快速发展，特别是在一些经济发达的大城市，第三产业增加值占GDP的比重快速攀升，且已经达到了相当水平，这些都将为大学生提供越来越多的创业机会；③目前国内大学生选择自主创业的比例只占到1%，与西方发达国家大学生自主创业的现实情况（20%~30%）相比，我国大学生农业农村创业前景广阔。④移动互联网让大多数人有机会了解通过创新创造财富和价值的规律，并方便的接触创业资源从而踏过创业门槛。简言之，互联网拉近了创业成功所必须的各要素之间的距离。

（3）经济危机带来了创业教育发展的春天。历史证明，经济危机导致大量就业问题突发的同时，必然会促进创业教育的发展，从而带来自主创业的盛行。比如，在20世纪70年代经济滞胀时期，美国的创业教育得到了罕见的蓬勃发展良机。另外，自1998年东南亚金融风暴演变为亚洲金融危机之后，东南亚各国涌现了许多民营企业或家庭小作坊，当时很多过去并不热衷于设立创业教育培训机构的发展中国家政府，开始积极主动地寻求国际劳工组织的相关帮扶和援助。至2008年，由美国“次贷危机”引发的全球性经济危机不仅带给了大学生就业困难，也带给了大学生创业的契机。为了解决大学生就业问题，实现以创业带动就业的目的，中央和地方政府开始非常关注创业教育，并出台了一系列新的政策措施，为大学生创业及创业教育提供良好的政策环境和政治保证；而且，各个高等院校也纷纷开始如火如荼的创业教育，旨在为大学生提供必需的创业素质与技能准备。

2. 威胁（Threats）分析

（1）创业教育体系的缺位。长期以来，我国高等教育往往过分强调静态、基础知识的传承与掌握，而忽视了对大学生冒险探索精神和创业创新意识的培养。以致今天多数农业高等院校仍停留在就业指导的阶段，很少有学校对大学生进行过专门的创业教育培训，即使有一些高校轰轰烈烈的开展了不少创业教育活动，但也只是作为大学生就业指导的一项内容，并没有延展到教育教学的全过程。

目前，农业高等院校的创业教育主要存在以下两大问题：一是创业教育的指导理念滞后于国际化要求，对大学生开展创业教育的重要性、紧迫性及必要性认识不够；二是创业教育课程体系有待完善。这是因为大部分创业教育课程缺乏实用性、新颖性、系统性和互动性，并且忽视了专业之间的差异，创业教育未融入专业教育教学的各环节；三是师资队伍结构不尽合理。主要体现在作为实施创业教育的教师队伍大部分是学术专家出身，缺乏创业经历和实践能力。最后，缺乏相应的培育大学生创业的具体措施，创业活动多半不了了之。比如，一些农业高等院校尽管组织了形式各异的大学生创业计划竞赛，但多数大学生仅是为比赛而比赛，真正将创业计划付诸实践的寥若晨星。

（2）偏颇的社会价值观念。创业是一个艰辛而漫长的过程，首先要从转变观念开始，因为创业是受观念和利益驱动的，观念对创业至关重要。然而，传统的观念往往会窒息人们的创业念头，束缚人们的创业行动。在我国传统观念里，只有找不到工作或工作不理想、能力不强的人才会去创业，而作为天之骄子大学毕业生，应该找一份体面而稳定的工作。如果已经毕业或者在读的大学生下海创业的话，就会在亲族心目中形成巨大的形象反差。而这种反差将会使大学生很难得到亲族朋友的认同、理解和支持，尤其是在创业启动资金上的帮助。

（3）创业氛围与机制尚未形成或完善。首先，社会尚未形成有利于大学生的创业氛围，其根本原因是：①政府尚未建全政策扶持、创业培训、创业服务“三位一体”的工作机制，鼓励创业的相关扶持政策有待进一步“查缺补漏”和落实；②农业高等院校在促进创业与创业教育改革方面还须着力加强；③大学生创业会面临巨大的挑战、困难和风险，而谋得一份稳定工作绝对是多数家长对子女的最殷切期望。其次，大学生创业机制有待完善。创业机制是指为推进创业而建立的机构、系统和制度以及各因素、各环节之间的相互关系。包括创业驱动机制、创业决策机制、创业管理机制和创业者收获机制。其形成过程涉及政治体制、法律制度、经济运行、文化教育等社会各个层面，是一个复杂的系统。因此，就我国现有的创业机制来看，尤其是扶持大学生的创业机制，还需走很长的“完善之路”。

（4）社会竞争激烈。在我国，创业者可分为四大类型：一是生存型创业者。创业者大多为下岗工人、失去土地或因为种种原因不愿困守乡村的农民，以及部分大学生。二是变现型创业者。主要是指过去在党、政、军、行政、事业单位掌握一定权力，或者在国企、民营企业当经理人期间聚拢了大量资源的人，在机会适当的时候，跳足下海，开公司办企业，实际是将过去的权力和市场关系变现，将无形资源变现为有形的货币。三是主动型创业者。包含盲动型创业者和冷静型创业者。前一种大多极为自信，做事冲动，容易失败。而后一种的特点是谋定而后动，不打无准备之仗，他们或是经验丰富，或是拥有技术和资源，一旦创业，成功概率通常很高。四是赚钱型创业者。这类创业者为数较少，他们除了赚钱，没有明确的政治抱负或社会目标。由此可见，与其他创业者类型相比，大学生这种生存型创业者属于第一种类型，处在弱势地位，将会面临着激烈的社会竞争。

（5）面临各种风险。风险是指在一定条件下和一定时期内，由于各种结果发生的不确定性而导致行为主体遭受损失的大小以及这种损失发生可能性的大小，风险是一个二位概念，风险以损失发生的大小与损失发生的概率两个指标进行衡量。而创业风险则是指在企业创业过程中存在的风险，意指由于创业环境的不确定性、创业机会及创业企业的复杂性，创业者、创业团队或创业投资者的能力与实力的有限性而导致创业活动偏离预期目标的可能性。在大学生创业的前、中、后期主要面临以下风险，即：项目选择太盲目、财产风险、市场风险、环境风险、人力资源风险、财务风险、技术风险、管理风险、合同风险、核心竞争力缺乏的风险、意识上的风险以及社会资源贫乏。

第二节　都市大学生村官创业的成功案例分析

一、创业案例

【案例一】

互联网创业

——记北京怀柔大学生村官王春华

资料简介：王春华，2013年大学毕业后，选择回家乡怀柔当了一名大学生村官。2014年7月，春华和另外一个村官同事开始了“五谷园”杂粮饮品的创业之路。2016年，荣获全国创业大赛第二名。开业之初，他们以“五谷”养生理念为产品特色，夏季以“绿豆”“绿茶”“酸梅”系类为主，冬季以“玉米”“红豆”“燕麦”“核桃”“杏仁”等食材为主，得到了顾客的普遍认可。2015年3月，李克强总理在全国人民代表大会上提出“互联网+”行动计划，当年6月，他们即注册了北京五谷缘商贸有限公司，旨在通过互联网减少中间成本，为用户提供最高性价比的产品；同时通过互联网与线下相结合，体验式激发客户购买欲望，一站式物流到家的服务模式，最程度满足用户购物需求。换言之，公司宗旨在于服务于农村专业合作社，解决合作社销售和产品宣传问题，为合作社农户提供种养殖技术支持，促进农民增产增收。公司的发展方向结合种养殖基地，开发绿色产品，推进养生生态，主要包括三大业务：一是打造怀柔区精品农产品：板栗、核桃、林下食用菌、蜂蜜、五谷杂粮等；二是产品基地体农耕验游；三是“养生”餐饮（重点开发项目）。目前，公司已注册“光织新农”品牌商标，与北京渤海苇店板栗种植专业合作社、北京渤海海春食用菌种植合作社、北京渤海冷水鱼养殖合作社等多家合作社完成共建；公司的网络平台初期搭建已经完成，淘宝“光织绿色生活馆”，微信服务号“光织新农”，微信线上交易平台“渤海创新农”都已经成功上线。

（来源：调查访谈资料整理）

【案例二】

西瓜之乡开创蘑菇产业
——记大兴区庞各庄镇王家场村主任助理陈墨

资料简介：陈墨，男，2007年7月毕业于北京农学院，现任北京大兴区庞各庄镇王家场村主任助理。在担任大学生村官期间，他响应国家鼓励大学生到农村基层就业创业政策的号召，组织成立了北京“爱农星”食用菌专业合作社，建起了食用菌试验基地。该合作社把分散的农户组织起来，农户可以出资、入股，由合作社统一规范管理技术和销售环结。在销售上他们在新发地中央批发市场拥有了蘑菇专卖店，为村民解决了销售问题，直接和间接促进村民就业50余人，共培训300余人学习食用菌种植技术。通过两年多的努力建有四季出菇大棚16座，保鲜库、采菇房、发菌室、接菌室和拌料场地各一个，年出菇达到50万斤。2010年10月，为进一步全面带动村民增收致富，合作社进行建设育苗基地和蔬菜新品种示范基地共投资150多万元，主要是解决村民的育苗难的问题，同时发挥带动周遍村民300 500户；及至2011年，带动周边村民每亩地增收2 000元至2 500元。2012年，村民年均收入增长到15 600元，是年，在北京召开的全国就业创业工作表彰大会上，陈墨获得全国就业创业先进个人的称号，并且是全国240名先进个人中唯一的“村官”代表。

（来源：调查访谈资料整理）

【案例三】

村官“农超对接”闯富路
——记北京大兴区采育镇大学生村官刘继婷

资料简介：采育镇是“中国葡萄之乡”，但是却缺乏强大的经济组织推动葡萄产业发展。于是，采育镇邵各庄村的大学生村官刘继婷组织成立了北京市京采兴农产品专业合作社，并邀请家乐福等客户来采育镇调研。2009年8月，合作社与家乐福超市签订了购销合同，使采育镇的葡萄首次通过“农超对接”的直供方式走进了家乐福各大卖场。当年，合作社共为采育镇5个村的40多户农民销售葡萄15万斤，实现销售额45万余元。之后，合作社又帮助农民销售5万斤大桃、1万斤菜花。截至目前，该合作社的客户共有15家家乐福门店、40家首航国力门店。2010年，合作社销售的农产品不仅有葡萄，还有梨、西瓜、甜瓜等，销售量达到270吨，实现销售额200万元，其中农超对接项目实现的销售额占75%，带动农民138户。

（来源：调查访谈资料整理）

【案例四】

小村官的“犬业”大理想

——记北京通州大邓各庄村主任助理李子啸

资料简介：李子啸，25 岁，2006 年毕业于北京市计划劳动管理干部学院后，应聘大学生村官助理，来到北京通州区宋庄镇大邓各庄村。作为北京市 2006 年第一批大学生村官计划中的一员，他还兼任村团支部书记。不过，与这两个并重的还有一个头衔：大邓犬业专业合作社经理。2008 年大邓各庄村宠物犬销售额 400 余万元，销售犬 3 500 余只，户年均收入近 4 万元。在工作上如鱼得水的同时，李子啸自己也进行积极的尝试。他利用大邓各庄村有利的养犬条件，开办了一家专业犬舍，主要经营多种赛级犬，比如哈士奇、边境牧羊犬、德国短毛波音达等。目前已经拥有成犬 40 条，2007 年当年收入就达 20 余万元。2008 年，通过参加宠物犬比赛及网络宣传，李子啸的犬只销售收入达到了 30 余万元。

（来源：调查访谈资料整理）

【案例五】

“野菜小王子”打入年货市场

——记北京延庆区刘斌堡乡大学生村官迟得双

资料简介：迟得双，2013 年从中央民族大学毕业后到刘斌堡乡任大学生村官，“野菜小王子”品牌的创办者。当年，刘斌堡乡的百姓主要以大田种植为主要经济来源，产业结构比较单一，低收入户占比例很大，但当地生态条件好，自然资源丰富，山货多，每年春天到秋天，山里的野菜、山蘑漫山遍野，只是没有销售渠道。有鉴于此，迟得双有了初步的创业想法：“从乡下到城里，所缺的其实就是一条纽带、一个渠道。我何不做一个‘大自然的搬运工’呢？既能把山里的好东西推销出去，又能帮助村里人致富”。简言之，准备依托刘斌堡乡的乡土资源，开发山野菜等土特产品。2015 年，他注册了自己的品牌——“野菜小王子”，随即开始了艰辛的创业之路。2016 年春季，他从制作蒲公英茶入手，开始了“野菜小王子”第一次创业试水，结果广受好评。同时，也收到了很多建议，比如包装需要更加便于携带、增加蒲公英养生功效的宣传，等等。此后，相继推出了马齿苋、野苋菜、野生苦菜等野菜系列产品及野生肉蘑、黄蘑等野山菌系列产品，并在 2017 年春节前夕，推出了 1 000 份高端野菜大礼包，正式打入年货市场。这份生态、乡土又别具特色的礼包，受到了大家的广泛欢迎，很快收到了来自天南海北的订单。目前，迟得双的创业项目带动了刘斌堡乡20余低收入农户增收减贫，未来，他将搭建农村电商平台，将野菜产品推上更广阔的市场，逐步打造刘斌堡山珍野味品牌菜肴，形成集群效应，以带动更多的村民增收致富，让“绿水青山”成为老百姓的“金山银山”。

（来源：调查访谈资料整理）

二、案例解读与分析

大学生村官是农村的宝贵人才资源，随着大学生村官规模的不断扩大，如何鼓励和支持大学生村官创业富民，带动农村经济社会全面发展，是当前地方各级政府普遍面临和亟须思考的问题。近年来，北京、上海、天津、成都等多个大城市在“党的十七届四中全会精神”的指导下，深入贯彻落实科学发展观，逐渐加大了对大学生村官创业的扶持、培育力度，并催生出一个个“创业典型”人物。通过对这些“典型榜样”的基本特征、成功因素的解读与分析，期望能给其他大学生村官和高等院校大学生带来精神鼓舞及经验借鉴，同时，为今后的都市型现代农业创业人才培育工作提供重要参考。

（一）找准定位，放低姿态，在都市涉农领域创业前景同样光明

2009年3月的《中国青年报》中曾提到：“大学生创业最难得的是什么？是放下架子，摆正位置”。不容否认，在很长一段时间里，农村是年轻人纷纷逃离的地方。除了城乡的生活条件差异，很重要的一点，就是很多人认为在农村难有作为。相对其他产业，农业资本利润率提高难，比较效益低；农业作业劳动强度大，耗费时间长；农村基础设施相对差，创业硬件不理想，融资等软环境也与城市存在很大差距。但这一切，只是表明农村的创业难度大，并不意味着在农村就英雄无用武之地。

其实，就目前外围经济形势来看，国家正在寻求新的突破口，相信在不久的将来，农业发展将是带动经济增长的新起点，而且随着国家对农业的扶持力度越来越大，农业未来的发展会有很大的提升。作为新时代的大

学生村官，若想创业成功，务必先找准自己的定位，丢弃“天之骄子”的旧观念，放低姿态，发挥所长，另外，还须坚信：在都市涉农领域创业前景同样光明，一样可以大有作为。陈墨、刘继婷与李子啸等三人的成功，就有力地证明了这一点。

（二）创业前必须对准备涉足的行业有足够的认识和充分的了解

创业是一个厚积薄发、痛并快乐的过程，不仅需要创意，还要求创业者具备较高的多维素质，主要体现在知识储备、行业经验、资源整合、社会人际网络建设、管理能力等诸多方面。综观上述三个案例中的主人公及国内其他大学生村官的创业事迹，从中我们不难发现，几乎所有的创业成功者都是通过长期的创业或兼职，一次次积累经验，一步步适应“商道”，最后才取得“骄人”的成绩，这是他们的共性之一，也是他们获得胜利的必经之路。由此观之，对于任何一名准备创业的大学生村官来说，如果在创业前对要涉足的行业没有足够的认识和充分的了解，甚至连一点相关的实践经历都没有的话，那么无论政府部门如何支持，学校的创业教育开展得如何有效，他在创业的时候也很难有明确的计划、坚定的勇气和饱满的信心。

（三）开拓创新、乐观自信、艰苦奋斗才能“劈波斩浪，扬帆万里”

谈及创业，创新是必可少的要素。甚至，在某种意义上可以说，创新决定了创业的成功与否。由于创业是大学生村官创办自己的企业或共同的组织，是在一无所有的基础上开创自己的事业，这就要求创业者必须具有开拓创新的精神，能够积极主动的面对从来没有面对过的工作内容，解决从来没有碰到过的各类难题。另外，创业是一个漫长曲折的过程，在这个过程中，还需要创业者时常保持乐观自信的心态。自信是一个创业者创业的基础，它能使创业者沉着应对种种不利的局面，并相信从中能获得更多成功的喜悦。同样，塑造乐观开朗的性格也非常重要，它不仅会平息创业者由压力带来的紊乱情绪，而且能使问题导向正面的结果。一言以蔽之，创业不是风花雪夜，其中的艰辛只有经历过的人才能体会，要想在“商海”里一帆风顺、劈波斩浪，拥有艰苦奋斗的精神和作风亦是不可或缺。

三、案例启示

（一）用发展的眼光看待都市大学生村官创业

虽然都市大学生村官创业尚处起步阶段，规模小，人数少，创业的社会经济效益还未充分显现。但是大学生村官创业潜力巨大，代表着一个方向，政府应着眼长远，用发展的眼光来看待这件事。经验表明，几乎所有创业成功的企业或组织都会经历从小到大的发展过程，大学生村官只要有梦想和激情，就可能达到成功的彼岸，若干年后一定会产生一批成功的都市型现代农业创业者，甚至可能再造出一批优秀企业或“马云式”的杰出创业人才。因此，对于大学生村官创业问题需要“风物长宜放眼量”，转变旧观念和传统认识，建立一套全新的、科学准确的大学生村官创业预测与跟踪服务体系，用发展的眼光和市场经济的办法来看待、解决大学生村官创业瓶颈。

（二）点燃并保护好都市大学生村官的创业激情

大学生村官在农村创业富民，是大学生村官工作的重要内容与方向，扶持大学生村官创业，是发展都市型现代农业和建设社会主义新农村的重要力量。目前，都市大学生村官真正创业的人数还不多，屈指可数。以首都北京为例，五年来，全市13个涉农区县共选聘大学生村官12 392名，其中已经或开始创业的“村官”凤毛麟角，寥寥数十百人。然而即便如此，大学生村官创业依然是一条值得鼓励的出路，政府应点燃并保护好他们的创业热情，给予他们物质上、精神上和政策上的支持，让这一新生事物从萌芽开始就能健康成长，让大学生村官的创业之路越走越宽、越走越顺，努力促进他们的事业稳步快速发展壮大。

（三）因地制宜地引导、培育都市大学生村官创业

最近几年，全国各地大力弘扬创业文化，全民创业热潮涌动，大学生村官也开始立足基层创业，但由于创业项目定位偏差、创业知识技能缺乏、市场营销和经营管理经验不足等原因，使创业过程并不顺利。针对这些现象，政府部门须在培育大学生村官创业上创新理念，依托不同有效的创业扶持新模式，最大程度地降低大学生村官创业风险。此外，由于都市经济圈内农村的经济基础、产业结构、资源禀赋、传统种养殖等不尽相同、差异性较大，因此，政府部门还应充分发挥主体、保驾护航作用，积极引导大学生村官创业从各地的实际情况出发，号准地方经济发展脉搏，围绕自身优势和市场需求选好项目，并制定出符合当地客观条件的创业计划。

第五章　都市型现代农业创业人才培育模式的创新与探索

第一节　都市型现代农业创业人才培育模式的构建原则

模式（Pattern）是一种软科学概念，其实质就是解决某一类问题的经验总结或方法论。而人才培养模式则是由指导理念、教学大纲、授课计划、教材教案、师资队伍、教学管理等因素相互渗透并结合运作来保障人才质量的一种培养专业人才的过程与方式。基于此，可将“都市型现代农业创业人才培育模式”定义为“在创业教育培训理论和创业思想的指导下，借助政府的相关扶持政策，面向都市型现代农业产业发展需求，按照预定的创业人才培育目标和规格，以相对稳定的培育内容和科学的培育方式、方法，以及一整套管理、评估制度，实施创业人才开发培育的过程的总和”。构建此类模式所应遵循的一般原则如下。

一、超前性原则

所谓“超前性”就是培养出来的创业人才，能适应当前都市型现代农业发展及社会主义新农村建设的需要，能面向农村经济与社会未来发展需要。由于教育时滞效应的影响，高校或培训机构往往不可能在短期内输送社会急需的创业人才，这就要求创业人才的培育模式、培育目标，要有一定的“提前量”。要瞄准都市型现代农业发展的方向，适时而适当地超前，以适应用新理念、新技术、新机制改造传统农业对创业人才的需求。

此外，都市型现代农业创业人才培育是一项长期而艰巨的任务，必须要有超前的意识，即以发展的眼光，超前预测未来都市型现代农业领域的创业人才需求，以保证创业教育培训的整体效果，促进创业人才培育模式的完善。

二、分类培育原则

分类是实施“分层异步达标”培育的前提，培育对象的分类要以培育对象的不同特征为出发点，进行科学、合理地分类。只有把“分类”的思想贯穿培育的始终，才能做到分类培育。创业分类培育，即根据培育对象的群体差异，对其进行分类，然后针对每个子群体的不同特点，因材施教，借以实现既定的创业人才培育目标。它不是权宜之策，而是创业教育培训改革与发展的必然选择。实施分类培育，从根本上说是都市型现代农业创业人才培育的主要受体定位所决定的。而且，培育对象的全体性和差异性也为分类培育的实施提供了理论依据。通过开展分类培育，可有效地发挥不同层次学生的特点，优化培育过程，使每个培育对象都能在原有的基础上得到共同的发展和提高。

三、主体性原则

主体性原则是承认、尊重并坚持人在实践和认识活动中的主体地位与作用的原则。这一原则在培育对象的主体性价值取向上倡导开放、创新、灵活的创业教育培训理念。其中，“主体性参与”不仅是创业教育培训理论的核心，也是都市型现代农业创业人才培育的灵魂。所以，在设计都市型现代农业创业人才培育模式的各个环节时，务必要把培育对象的学习主体地位放到第一的位置来考虑，注重学员的主动参与、有效参与和全程参与。具体而言，就是农业高等院校或创业培训机构要充分发挥教师的主导作用，通过引导、启发培育对象内在的创业教育需求，打破传统教育中以教师灌输代替学生思考的这种消极状态，把建构培育对象的学习主体地位作为创业教育培训工作的主要目标，让培育对象实现综合素质、专业技术转化为实践动手能力，在实践中领悟知识，充分调动他们学习的自主性、能动性和创造性。

四、产业需求原则

建立和发展都市型现代农业产业，创业人才是关键。都市型现代农业创业人才的培育必须建立在相关产业需要和产业发展条件的最佳结合点上。只有正确把握都市型现代农业相关产业的需求及其变化方向，才会打开都市型现代农业创业人才培育的新天地，铸造出“专业化”的都市型现代农业创业人才培育模式。为此，农业高等院校或创业培训机构必须面对都市型现代农业相关产业、面向都市型现代农业发展实际，培育出具有广泛适应性、针对性、应用性及开拓性的创业人才。在制定培育目标和实施方案时，必须正视和明确都市型现代农业相关产业对创业人才需求的知识结构及基本规格，即都市型现代农业相关产业需要什么样的创业人才，农业高等院校和创业培训机构就培育“适销对路”的创业人才。

第二节　大学生村官创业成才培育模式之“六位一体”模型

选聘大学生到农村任职，是党中央根据农村工作面临的新情况、新任务做出的一项重大战略决策。那么，如何以及怎样更好地发挥大学生村官服务镇域经济社会发展和社会主义新农村建设方面的积极作用呢？就目前国内形势来看，积极鼓励、指引、帮扶他们开展创业是最适宜、最有效的方法或途径。因此，在促进大学生村官创业成才的过程中，政府应充分利用资源整合优势，以“引导不主导、服务不干预、扶持不包揽”为原则，准确指引村官创业方向，倾力搭建村官创业阶梯，不断创新以“市级创业培训中心、创业同盟会、创业导师服务团、多层次帮带机制、创业园（基地）和创业配套政策”为主要内容的大学生村官“六位一体”创业培育模式（图 5-1），助推大学生村官在农村深扎根、勇创业、做贡献。

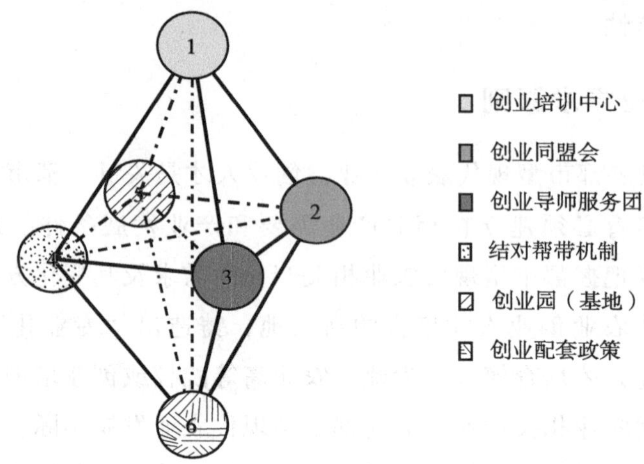

图 5-1 “大学生村官”创业成才培育“六位一体”模型

一、成立大学生村官创业培训中心——整合培训资源，拓宽创业思路，提高创业技能

大学生村官知识丰富、思想行为活跃，富有创造活力，具备运用知识优势和所学专长创业致富的潜力，但是他们往往缺少创业信心和经验。另外，在大学生村官培训方面，中央规定各地要把大学生村官纳入整个干部教育培训规划，然而现有工作体系在时间安排、培训机构设置、流程机制、培训专家队伍、知识体系等方面均存在缺陷。

因此，政府可牵头成立“市级大学生村官创业培训中心”，目的在于优化整合全市培训资源，提升创业培训层次，充分拓展大学生村官的创业思维与技能，培养他们带头致富或带领村民共同富裕的本领或能力，通过创业引导，使他们能够迅速融入农村、扎根基层，锻炼成长，并发挥领头雁作用、破解农村发展难题。

创业培训内容主要包括农村政策法律、农村实用技术、农村经济与产业、创业知识（创业技巧、程序和运作流程等）、企业管理、成功经验、优惠政策、项目申请与管理、市场营销、农产品质量安全和农业产业化运营等。创业培训形式可采用课堂教学、调研参观、现身说法、主题讨论等多种研究探讨方式进行。

二、搭建大学生村官创业同盟平台——加强交流，资源共享，抱团创业，合作共赢

为进一步促进大学生村官之间的交流与沟通，激发大学生村官的创业热情，引导和帮助他们在基层农村建设中施展才华、建功立业，都市各级政府部门和相关行业应着力为大学生村官搭建交流与合作的平台，列出专项活动经费，出资成立大学生村官开放式“创业同盟会”，旨在方便大学生村官交流创业信息，整合创业资源，明确创业方向，提升创业技能，传播创业文化，寻找创业伙伴，开展创业实践，共同推动农村产业的发展。

“创业同盟会”以“自我实现、带民致富”为目标，秉承“互通有无、优势互补、共谋发展”的合作理念，发扬“自我管理、自我服务、自我培育”的自主精神，面向全市各区（县）乡镇的大学生村官服务，但凡有创业意向的大学生村官都可以申请入会，并获得“创业同盟会”的智力支持和更为广泛的社会联系。

三、实施“大学生村官创业导师服务团”计划——引航指路，释疑解惑，实时指导

创业不仅意味着需要激情、梦想与企业家精神，它更需要战略战术、发展谋划和经验技巧支撑的综合能力培养。那么，谁能够对社会上不同阶段的创业者进行指导？毫无疑问，非创业导师（Mentors）莫属。“创业导师”，顾名思义，就是指导、帮助、引领人们创业致富，实现人生价值和理想的人物。由于大学生村官就任前对农业农村了解较少，社会经验相对不足。因而，如何培养和提升大学生村官的农村创业能力就成为一项当前急需解决的重大课题。

然而，要破解这一难题，其关键的一环就是要由政府发起、组织实施“大学生村官创业导师服务团”计划。通过组建“大学生村官创业导师服务团”，充分发挥全市各行各业专业人士（以企业家为主体，包括高校教师、政府部门政策专家、风险管理和金融机构专业人士等）的作用，为大学生村官提供技术支持、政策咨询、开业指导、项目论证、经营管理以

及金融服务等方面志愿服务，扶持有创业愿望、具备创业条件的大学生村官降低创业风险，提高创业成功率，实现创业富民目标。

譬如，早在2006年，北京农学院就成立了由12名熟悉农村工作的教授组成的专家顾问团，曾多次深入京郊农村，为大学生村官提供技术、智力支持。至2008年，该校专家顾问团扩充到100名教授，以百项实用技术为依托，建立了专家与大学生村官的“一对一”服务体系。2009年，该校启动大学生村官科技推广服务，由学校专家团队带领以大学生村官为主体的农村实用技术人才队伍，带动培养帮扶多名骨干农民，形成“传帮带”式的科技培训与技术推广体系。经过多年不懈努力，如今北京农学院不仅赢得京郊大学生村官的普遍赞誉，而且引起社会各界的广泛关注。

四、健全农村创业“多层次帮带”机制——解决日常实际困难，增强干事创业本领

首先，领导干部联系帮引。即建立区（县）级领导或区（县）直属单位领导、乡镇领导和村党支部书记的三级帮扶体系。其目标主要是加强思想、政策引导和工作指导，以增强他们扎根农村、勇于创业的信心；帮助协调解决土地使用、项目审批、证照办理、信息资金等难题；协助他们了解社情村貌，知悉村情民意，并传授基层工作经验和方法。

其次，专业技术人才对口帮扶。即积极整合涉农领域的各方面技术力量和资源，组建市、县、乡专业技术人才的三级技术帮扶体系，旨在为大学生村官创业选好“技术指导员”，以解决创业过程中遇到的技术疑难杂症。

第三，农村经济能人结对帮带。即组织农村种养殖大户、农业企业家、农村经纪人等农村经济能人，与大学生村官创业项目进行对口帮扶，充分发挥他们经验丰富、技术成熟、人脉广等优势，为大学生村官创业牵线搭桥，提供援助。

五、开辟大学生村官创业园/基地——立足城乡统筹，着力产业发展，提供创业舞台

建立“大学生村官创业园或基地”具有重要的现实意义，一方面有助于当地政府落实村官安置工作，为地区发展培养新生力量，为村官就业工作建立可持续发展的长效机制；另一方面可扶持大学生村官发展创业项目，增强抵御风险的能力；更为重要的是，能将大学生村官的创业项目与当前农村的产业规划、产业特色，以及相关扶贫部门的资金和项目结合起来，通过整合多方资源，形成合力，切实解决大学生村官的创业难题。

因此，区（县）级地方政府应在现有科技创业园区的基础上，组建以创业项目为主体、配套功能完善、产业特色鲜明、社会资源广泛参与、承载能力突出的“大学生村官创业园（基地）”。聚是一团火，散则满天星。通过创业园（基地）这个载体，按照综合性与专业化相结合的原则，采取划分功能区的方式，把大学生村官们集聚到一起，既可集中大学生村官的智慧和力量，发挥出大学生村官的群体优势，形成抱团创业的局面；又有利于以点带面，辐射周边，不断放大创业效应，带领更多农民共同致富，这犹如播向大地的星星之火，终能成燎原之势。

六、完善大学生村官创业配套政策——强化创业激励保障作用，营造宽松政策环境

针对目前大学生村官创业过程中政策不够明确、创业不好管理的问题，应着重细化、完善以下扶持政策。

一是创业资金支持政策。为调动大学生村官创业的积极性和主动性，在贷款优惠方面，政府部门应指定相关金融机构适当提高贷款额度、降低贷款利率、创新贷款担保方式（如抵押、质押，自然人担保、法人担保等），采取灵活还款方式以减轻大学生村官的偿还压力，设立较低利息的大学生村官创业贷款，财政部门给以贴息。在专项资金方面，可对大学生村官创业项目提供无偿的资金资助，并优先重点资助农业类创业项目。此外，还可设立大学生村官创业基金，引导社会资本进入大学生村官创业

项目。

二是各种税费减免政策。对于大学生村官创办、领办各类创业富民经济实体，相关部门应在项目注册登记、项目审批、风险评估、场地安排、供水供电等方面提供便捷、高效的服务，并减免一切登记类、管理类、证照类等行政事业性收费和企业所得税。

第三节　农业高等院校“四轮驱动”创业人才培育模式

都市型现代农业创业人才培育是一个系统工程，它不仅包括课程体系，还包括非课程体系。都市型现代农业创业人才培育体系不仅要政府、学校参与，还需要社会力量介入；不仅要具有理论性，还须具有实践性。据此，本书在借鉴国内外综合重点大学创业人才培养体系的基础上，结合我国农业高等院校创业教育的实际情况，提出以“分层次创业教育课程体系”“都市型现代农业创业项目（企业）孵化器”“先进的创业教学方法与模式”以及“高效优质的创业师资队伍”为“四轮驱动”的都市型现代农业创业人才培育模型（图5-2）。

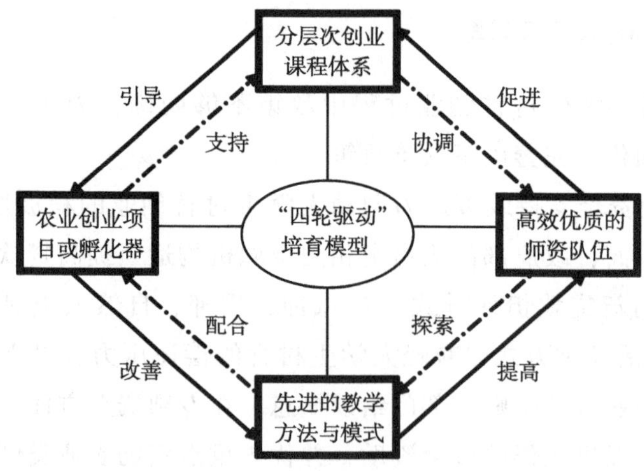

图5-2　农业高等院校“四轮驱动”创业人才培育模式

一、优化或设计一套完整、立体的分层次创业教育课程体系

创业型人才培养应重点关注创业课程的内容是否符合要求，以及整个创业课程体系是否科学合理。因此，农业高等院校培养具有创业意识和能力的都市型现代农业创业人才，必须按照创业教育目标改革现行课程体系，调整课程结构，设置由都市型现代农业课程体系、创业理论课程体系、创业实践课程体系和创业“环境”体系等构成的一套完整、立体的分层次创业教育课程体系（图5-3）。

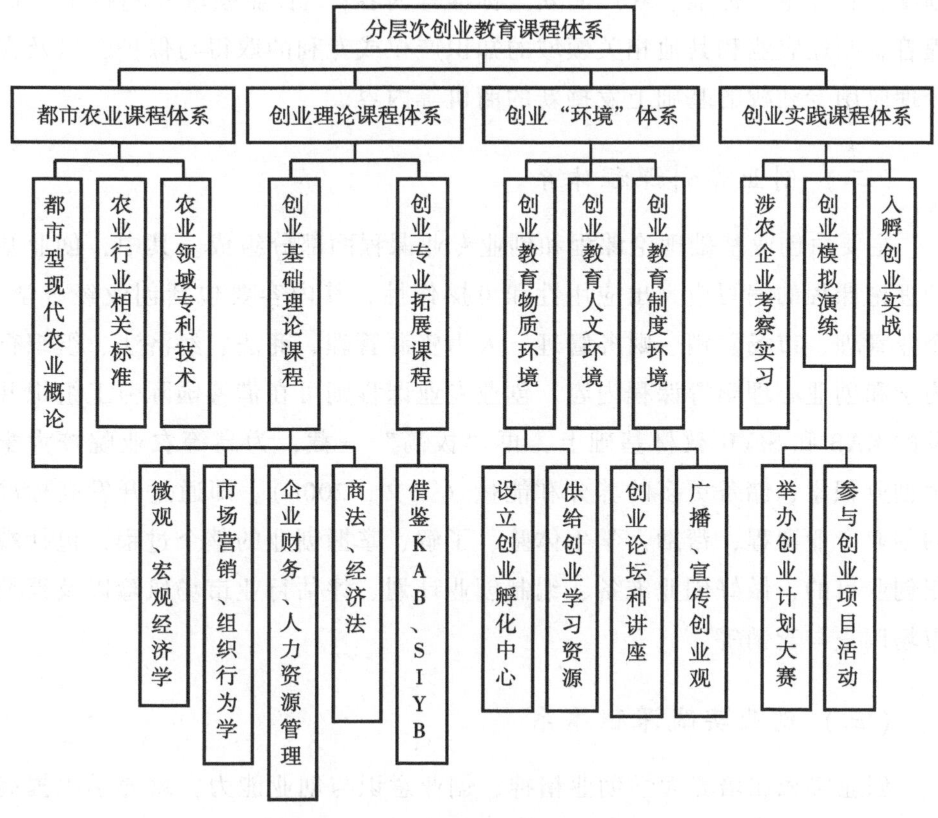

图5-3 分层次创业教育课程体系

（一）都市农业课程体系

“都市型现代农业概论”主要讲授都市型现代农业的文化内涵、形成背景、基本特点、产业现状和未来发展趋势等。由于都市型现代农业文化是推动都市型现代农业产业创新和发展的重要基础，新型农业企业的可持续发展离不开文化的指导，开发和善用都市型现代农业文化特质，发展创意农业产业是都市农业新的经济增长点，因此都市型现代农业文化部分要重点讲授；“农业行业相关标准”课程要包括农业行业的竞争情况、准入制度、农业生产标准、农产品安全标准等内容；“农业领域专利技术”课程着重阐述农业和其他相关领域的知识产权或专利的取得与保护，以及在合理应用专利权的基础上发掘新的商机等内容。

（二）创业学科课程体系

主要由创业基础理论课程和创业专业课程两部分组成。其中，创业基础理论课程的编写应突出应用性和可操作性，其内容要包括创业经济学、企业管理、市场营销、财务管理、人力资源管理、商法、经济法、组织行为学和创业心理学等课程内容。创业专业课程则可在借鉴国际劳工组织开发的 KAB 和 SIYB 教材基础上，再“拔高”一截，为高等农业院校大学生创业积累、储备更多的养分和能量（王文，2008）。即通过开发高标准的创业专业课程，帮助大学生体验、了解、掌握创业的整个过程，包括端正创业目的、做好创业准备、编制创业计划、评估行业市场风险以及策划市场调查与营销等。

（三）创业实践课程体系

创业实践在培养大学创业精神、创业意识与创业能力，培养学生提高抵御挫折能力，提高创业心理素质等方面都有着重要作用（辛建中、王养森，2009）。该课程体系是要求把创业理论知识应用于实践活动的运作过程，是为了实现创业课程目标，在教师指导下有计划、有目的开展的以大学生自我教育、自主训练为主体的创业实践活动。根据大学生在创业实践中的主体地位不同可分为见习性实践、协同性实践和自主性实践等模块。如果说学科和环境体系在保证大学生获取系统的创业基础知识方面发挥着主导作用，那么实践课程体系则在大学生获取综合性应用知识方面发挥着主动性和创造性的作用。一方面，创业实践课程为大学生提供将专业知识技能提升为创业能力的载体；另一方面，大学生的创业能力又在创业实践课程中不断得到锻炼和提高。

（四）创业“环境”体系

在创业教育体系中，相对于都市农业体系、创业理论体系及创业实践体系等显性课程体系，创业环境课程体系更多的表现为隐性、潜在的方式。此课程体系主要包括学校开展创业教育的物质环境（包括创业教育资源的供给，如相关书籍和多媒体资料等）、人文环境和制度环境。

其中，物质环境以学校的物质文化作为载体，突出创业环境的设计和布置，校园的合理布局和美化，把校园文化建设、周边环境设计同创业教育结合起来（谢一风，2007）；人文、制度环境则指高校良好的创业教育氛围，在校园中，同学之间的团队精神、良好的舆论导向、正确的人生目标、浓郁的学习氛围等这些均能形成潜在的教育力量，以特有的形象符号影响感化着学生，它们都应成为环境课程的重要组成部分（邓汉慧，2009）。

二、立足于创业教育学科前沿，探索先进的创业教学方法和教学模式

实施创业教育不仅要改革课程设置，还要有与之相匹配的教育教学方法。教学方法对于创业教育十分重要，对于培养大学生的创业素质和能力起着主导作用。传统的教学方法和模式，只偏重大学生对理论课程的理解和认识，而未重视大学生个性、创新思维、创业素质和能力的培养。而在创业教育条件下，教育质量的评价将主要由社会做出，对大学生来说，与创业有关的知识、技能必不可少，但更重要的是竞争观念、冒险精神和较高的创业素养。

因此，培养大学生的创业能力要改革传统的教学方法，在教学过程中营造一种民主、平等的教育氛围，提高大学生参与教学的热情和主观能动性。这样的教学改革不是对传统教育或教学进行技术性革新，也不是传统教育、教学的现代包装，而是一种较为全面的、彻底的教学改革（张有峰、温瑶，2008）。为有效解决在校大学生缺乏创业教育理论和脱离实际的弊端，农业高等院校必须根据学校实际，结合大学生特点，坚持顶层设计，着力构建有利于大学生综合素质和创业能力提高的教学模式，充分调动广大师生的积极性、主动性，多渠道、宽层面地广泛扎实开展创业教育活动。

目前，在创业教育教学中可资借鉴的几种模式有：①项目引导式。项目引导是根据大学生的自身条件，确定一个适合可行的项目，并为此制定目标、计划和付诸实践的过程，此模式可使创业教育教学变得更具体、更有操作性。②任务驱动式。在明确了目标任务之后，如何把计划转变成现实即为任务驱动。这一步采取的创业教学方式最好以社会调查的方式进行，同时创设情景，使大学生能够身临其境的体验和思考。③案例分析式。即依托真实的案例分析，帮助大学生开阔创业视野，通晓市场规则。④研究性学习式。研究性学习包括归纳式、演绎式两种方式，着眼于改革传统的接受式学习方式，强调教学过程中给大学生创设多种途径的探究活动与内容，以帮助大学生形成有利于终身学习的创新精神和创造性思维。⑤创业演练式等。

三、加强创业教学团队建设，倾力打造一批多层次、高效优质的师资队伍

创业教学团队建设是创业教育课程教学的关键，是发展创业教育的“引擎”，是推进创业教育的成功保证。目前，我国高校从事创业教育的师资主要有三类：一是学生就业工作指导教师，二是从事企业管理或管理教学的教师，三是校外的一些创业实践者和企业管理者（梅伟惠、徐小洲，2009）。但是，从总体来看，上述这几类教师各自都存在很大的“创业教学缺陷”，集中表现在：就业工作指导教师的系统创业理论知识不

足；大部分从事创业教育的专职教师没有实际的创业经验；邀请的校外兼职教师（如创业成功人士、风险投资家、企业管理者等）又缺乏基本的教学经验。

胡锦涛总书记曾指出："没有高水平的教师队伍，就没有高质量的教育。"因此，为造就一批符合创业教育需要的、多层次、高效优质的师资队伍，高校应大力加强以下环节：首先，转变教育观念，明确创业教育的重要性，摆正创业教育教师的身份和地位；其次，为校内承担创业教学的教师提供培训、交流和实践的机会，提高其专业化水准；第三，搭建校外兼职教师的教学培训平台，以丰富其授课经验；第四，完善创业教育师资的聘任、评价及激励的组织管理制度；第五，建立精干、高效的管理服务机构，促使创业教育实施更加顺畅。

四、引导、集聚社会资源，设立都市型现代农业创业项目或企业孵化器

孵化器（incubator），原义指人工孵化禽蛋的专用设备。现将它引入到经济和都市型现代农业领域，由此，我们可以认为，都市型现代农业企业孵化器是指专为都市型现代农业领域内的初创企业或创业项目提供各种服务（包括技术、商务、融资、咨询、信息以及硬件保障等）的一种新型社会经济组织形式，其主要作用机理就是通过聚集孵化资源形成服务体系，然后借助这个体系促使孵化企业在一定的时间内快速渡过盲目、风险期，进入相对稳定的发展成熟期，并成为都市型现代农业发展的新生力量和动力之源。

根据一些国外文献报道，在市场竞争的条件下，新办中小企业的成活率一般不超过30%，但经过孵化器的孵化和培育后，新办中小企业的成活率一般能高达80%以上，这充分显示了企业孵化器对中小企业成长的重要作用（张庆祝，2007）。所以，为培育都市型现代农业创业人才，提高他们所创企业的成活率，农业高等院校应适时引导、集聚社会资源，设立都市型现代农业企业孵化器。以北京农学院为例，该校鼓励师生在科技园创办企业，为创业学生提供不高于5万元的投资配套资金，学生创业期

两年内房租减免，同时给予创业辅导支持。这一系列扶持创业政策，极大地激发了北农学子的创业热情。譬如，生物技术学院大四学生王寿南与学院的蘑菇社共同创立了蘑食屋生物科技有限公司，在指导教师张国庆的带领下，研制出除蛹虫草、蘑菇盆栽、菌棒手工制品等众多产品，被师生称为“种蘑菇大王”；城乡发展学院的观光农业专业学生张亚楠，创办了一家农业体验公司，借助学院科技园资源，经营亲农耕农业体验园，一年时间接待客户 8 万人次。2014 年，北京农学院新产生了 66 个学生创业团队，70 余名教师对 350 多名学生进行创业指示，覆盖了全校所有院系。

都市型现代农业创业企业孵化器除了具备传统孵化器特点和功能以外，还应具备一定的特殊性（图 5-4）。

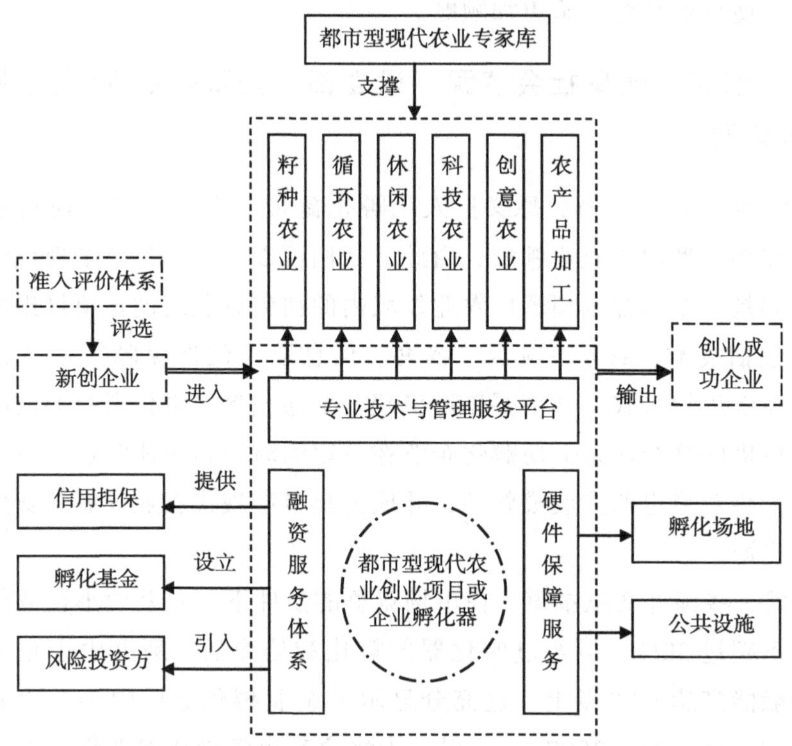

图 5-4　都市型现代农业创业项目或企业孵化器

第一，专业技术与管理服务平台。构建这个服务平台旨在给入孵项目以技术、智力支撑，帮助解决实际困难和问题，同时促进都市型现代农业的技术、创意成果加速转化。其主要任务是为创业项目或企业提供科技咨询（含工程咨询、技术咨询、信息咨询、管理咨询、决策咨询等）、企业内部管理制度制定、市场分析、环境技术支持、无形资产评估、会计事务代理、商业配对以及一般性商务代理等多种专业技术与咨询服务。

第二，完备的融资服务体系。针对初创企业融资需求的不同，孵化器可设立“投融资服务体系”。一是主动紧密联系有关金融机构，为都市型现代农业初创企业提供信用担保；二是筹建“大学生创业孵化基金”，资金来源可通过学校拨款、校友捐赠、政府投资等方式筹集，主要用于对创业孵化器初期部分有发展潜力的企业予以帮扶；三是鼓励并促进风险投资发展，待入孵企业发展到一定阶段后，可寻求与风险投资方合作，以降低创业风险和投资成本，获取较高收益。四是开展技术、创意产权交易，即通过出售产权等方式引入投资者。

第三，必要的硬件保障服务。一要提供特定的孵化基地，供创业企业办公、科研、生产及经营用，包括廉价出租给入孵企业生产用的孵化厂房和提供公共服务的工作场所；二要有基本的公共服务设施，如信息通信、网络维护、排水、供热、供电、多功能会议室、产品展销厅、商务洽谈室以及电话、传真、复印、打字、收发等共享服务配套设施。

第四，科学的准入评价推进体系。经验表明，有选择性地提供支持是最有效的。对将进入孵化器的创业项目或企业进行筛选，关系到孵化器的孵化成功率。因此，在面对众多的申请项目或企业，孵化器工作人员如何能够快速而正确高效地挑选项目或企业（即“优选材质或原料”），是孵化器评估人员必须解决的首要问题，也是一个值得研究的课题。为孵化器建立一套科学的入孵项目或企业的评价推进指标体系，不仅有利于全面、公平、公正、客观检测项目当前运行效率、掌握项目发展信息，而且有益于指导项目发展、提高入孵项目素质、优化入孵项目。评价指标体系共分三个层次、四大部分。三个层次含目标层、准则层和方案层，四大部分则包括企业运行与管理、领导素质与能力、技术和创意、以及产品与市场开拓。详细指标如图 5-5 所示。

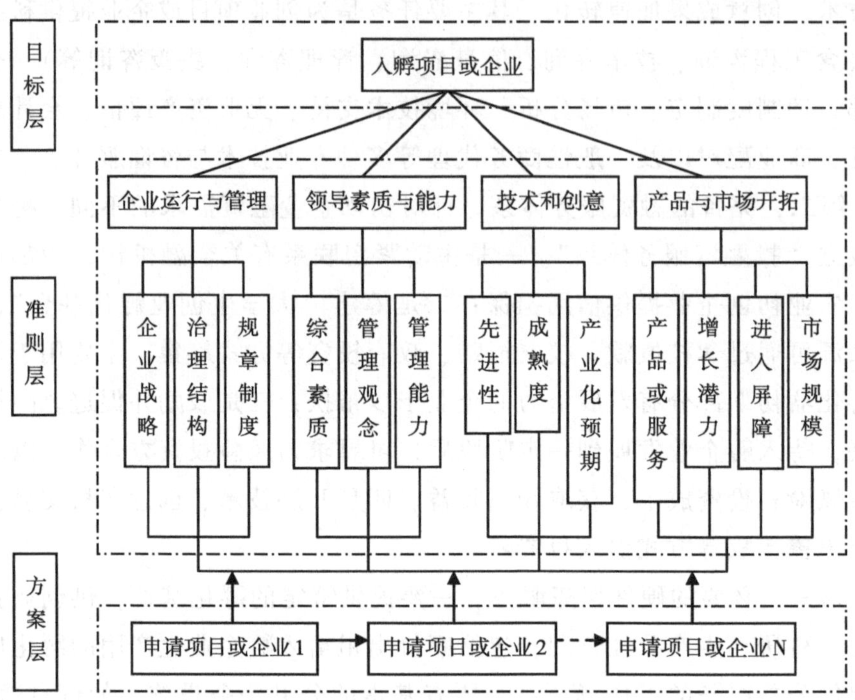

图 5–5　入孵项目或企业的评价指标体系

第六章　都市型现代农业创业人才培育主导机制的建立

第一节　“机制”内涵的辨析

机制，英文为 Mechanism 或 machine-processed（Machine-made），最早起源于希腊文，意指机器的构造和动作原理。后来，人们逐渐将“机制”一词通过类比的方式引入到自然科学（生物学、医学）和社会科学（经济学、管理学等）的研究领域当中。比如，生物学和医学在探索某种生物的功能时，常说研究它的“机制”。其中，“机制”这个概念就是用以表示有机体内发生生理或病理变化时，各器官之间相互联系、作用和调节的方式。在经济学上，常用“经济机制”一词来表述一定社会经济有机体内各类要素之间相互联系与作用的关系和功能。

长期以来，机制由于被广泛“借用”而衍生出了多重含义，然而，对于机制内涵的界定一般要包含“事物变化的内在原因及其规律”“外部作用的方式”“外部因素对事物变化的影响”和“事物变化的表现形态”等四个要素。根据《现代汉语词典》中对“什么是机制”这问题的解释，机制意为“泛指一个系统中，各元素之间的相互作用的过程和功能”。在社会科学中，可以理解为机构和制度，抑或可以说，机制就是“制度+方法”或者制度化了的方法。这是因为机制一定是经过实践检验、并证明有效的系统化方式方法，而且其本身具有制度性因素，它要求所有相关人员都必须遵守。

尽管在任何一个系统中，机制都只起着基础性的根本作用，但是机制的构建却是一项复杂的系统工程，各项体制、制度的改革与完善不是孤立的，也不能简单地以“1+1=2”来解决，不同层次、不同侧面必须互相呼应、相互补充，这样整合起来才能发挥作用（林荣清，2008）。鉴于此，培育都市型现代农业创业人才，应该把其长效机制的构建作为重点来把握，这不但有助于提高创业人才培育的针对性及适用性，而且还能降低、减少创业教育的成本和主观随意性，真正实现从传统的“人治”向“法治”的转换。

第二节　都市型现代农业创业人才培育实施的动力机制

动力机制是指一个事物赖以运动、发展变化的不同层级的推动力量，以及它们产生、传播并发生作用的机理和逻辑（聂劲松等，2007）。如果没有动力机制，事物就会像一潭死水或一台没有能量的机器，将处于僵化、停滞不变的状态。遵循着对动力机制研究的基本思路，我们可以这样认为，都市型现代农业创业人才培育实施的动力机制，其实质就是围绕解决都市型现代农业创业人才培育有无动力以及动力大小而选择的一套互相联系的调节方式。而且，都市型现代农业创业人才培育的动力机制作用的发挥，可通过以下三种分属机制的健全和完善得以实现。

一、目标导向机制

一般而言，教育的总体目标就是要培养出能适应未来社会不断发展需要的各类人才，但是，具体的教育活动有具体的教育目标。创业教育作为教育领域中的一个分支，它体现的是一种全新的教育哲学和理念，因而有其内在特有的目标属性。从广义上讲，创业教育不同于以往的适应性、守成性教育，其目标是培养具有事业心和开创技能的人；而狭义的创业教育则往往与培训、增收、解决自我生存能力等联系在一起，更注重于传授具体的操作技能。由于都市型现代农业创业人才培育是指高校联合企业和政府等部门对都市型现代农业人才（包括农业高等院校的在校大学生、大都市周边的大学生村官、农村实用技术人才、农民合作组织负责人和涉农企业管理人员等）所进行的一系列创业教育培训和创业扶持行动。因而从某种程度上来看，都市型现代农业创业人才培育的主要环节可以说是树立科学培养目标和实施创业教育培训的过程。换而言之，都市型现代农业创业人才培育的前期应是培养都市型现代农业人才的创业意识、创业素质和创业技能的过程，是以能力而非以学历为目标导向的培训，是开展和提高都市型现代农业人才创业基本素质、培养具有开创性个性和创业创新精神的教育。

二、教育创新机制

教育创新（Educational Innovation），即为实现某一特定的教育目标而在教育领域所进行的一切创新活动（比如，推行新的观念、方法或体制），其最终目的是形成有利于人的潜能开发、创新能力培养以及全面自由发展的教育新体系。作为都市型现代农业创业人才培育的关键环节，创业教育不能一成不变、墨守成规或照抄照搬国外现成经验，必须改革创新现有的人才培养模式，建立以培养学员的创业素质、创业能力和创业品质为核心的教学模式，侧重激活学员的创业意识与创业内力。目前，我国创业教育模式封闭、僵化，内容陈旧，方法、途径单一，缺乏创业思维和创新精神。另外，就创业教育的可创新内容而言，其范围十分广泛，几乎涉及创业教育领域的方方面面，诸如，创业教育观念、创业教育体系、创业教育方法、创业教育手段、创业教育课程乃至创业教育的时间和空间，等等。总之，高校或政府培训部门应在继承和发扬优良传统的基础上，建立创业教育的创新机制和驱动模型（图 6-1），着重在内容、模式、方案、手段等方面进行更新和改进，尤其是要在增强实效性、适应性和先进性上下功夫。

三、激励竞争机制

激励（excitation）有激发和鼓励的意思，在管理学上，意指通过管理

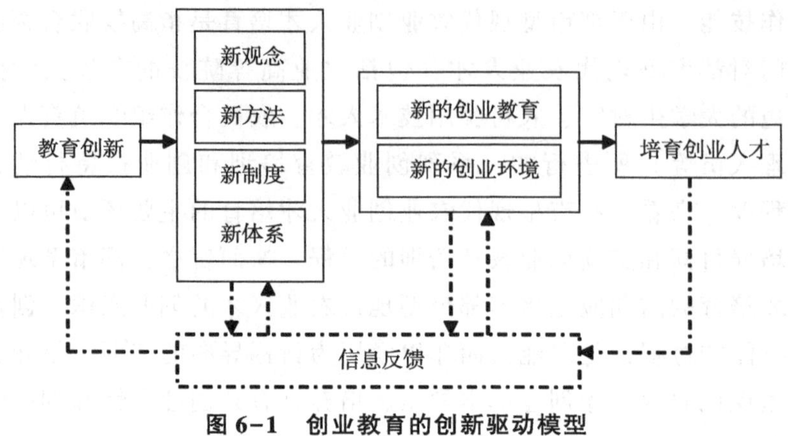

图 6-1　创业教育的创新驱动模型

者的行为或组织制定的规章制度等，给管理对象施加某种外在的刺激或鞭策，使其产生强大的内在驱动力和爆发力，并努力实现管理目标，完成组织任务的管理过程。有效的激励是组织发展的动力保证，是管理过程中不可或缺的环节。

关于竞争（competition），在《现代汉语词典》中给出的定义是“为了自己方面的利益而跟人争胜”。但经济学家认为，竞争是指经济主体在市场上为了实现自身经济利益和既定目标而不断进行的角逐过程。激励与竞争相生相伴，激励的目的就是形成竞争的格局，通过竞争促进人的进步，推动社会的发展。

实施激励竞争机制，不但可以使一批创业人才脱颖而出，而且能为创业指导教师营造一种良好的工作氛围，使人人都有用武之地，人人都可以施展才华。面对当前创业人才培育的现实，各个高校和培训机构都在探索一种新的机制，以求新的突破。在这种情况下，建立激励竞争机制，无疑会给创业人才培育注入新的活力，开拓新的局面。激励竞争机制，强调的是激励，看重的是竞争。通过激励，可以调动学员创业的积极性及教师工作的主动性，激发竞争的持续进行；通过竞争，能够促进学员与学员之间、教师与教师之间相互学习，而这种相互学习的行为如果重复出现，又会强化激励。因此，这是一个良性的循环机制，若能把握好每个环节，使其紧密地联系在一起而不脱节，将对顺利开展都市型现代农业创业人才培育工作有着极大的现实意义。

第三节　都市型现代农业创业人才培育质量的保障机制

一项工作若要高效持久地展开，就必须有相应的机制长期有效地运作，因而一个良好的保障机制对都市型现代农业创业人才培育工作意义重大，我们可以从组织、制度、经费、过程等方面建立健全都市型现代农业创业人才培育质量的保障机制。

一、组织保障机制

其实质就是领导保障机制，即从领导体制上解决都市型现代农业创业人才培养工作的位置问题。以农业高校为例，为保证都市型现代农业创业人才培养工作的顺利实施，首先，成立都市型现代农业创业人才培养工作领导小组，校长任组长，副组长分别由主管教学工作副校长和主管学生工作党委副书记担任，领导小组下设都市型现代农业创业人才培养指导委员会和创业教育培训中心，其中，都市型现代农业创业人才培养工作指导委员会主要负责领导、统筹、协调全校的创业人才培养工作，创业教育培训中心则具体负责创业教育培训的规划、组织和实施，比如，创业教育培训理论研究、师资遴选聘任、指导大学生创业实践等；其次，组建都市型现代农业创业人才培养工作调研组，定期对全校的创业人才培养工作进行全面细致的调查研究，领导小组根据调研情况，定期召开专题研讨会，适时调整培养方案，增强创业人才培养工作的针对性；最后，制定学生处、教务处、团委、科技处、宣传部和二级学院等部门创业人才培养工作的职责，使全校形成了齐抓共管的工作网络。

二、制度保障机制

都市型现代农业创业人才培育的有效开展应基于良好的制度环境。

美国乔治梅森大学理查德·佛罗里达教授（Richard Florida）曾说，“如果一个国家和地区的确看重增强在知识经济和人才领域生存和发展的能力，它们的工作将不会简单止于加强大学传递科技和将科技经贸化的能力，它们将着力在大学里和大学周围的基础结构上积极行动，提供适合知识分子的制度环境”（尹宏毅等，2003）。诚如是，我们必须重视都市型现代农业创业人才培育制度的建设。只有制定切合高校和培训机构实际的、可操作的和可持续发展的都市型现代农业创业人才培育管理制度，并以此为依据，才能保障都市型现代农业创业人才培育工作的稳步开展。

三、经费保障机制

从当前创业教育培训情况来看，推行都市型现代农业创业人才培养模式，将会不可避免地对传统教学内容、教学方法、教学手段等作出相应的调整和改革，而这些必然需要持续稳定的经费投入。为确保都市型现代农业创业人才培育工作的有效开展，笔者认为，应着力构建“学校+产业+政府”三结合的经费保障机制，以确保都市型现代农业创业人才培育工作的顺利实施。第一，学校可从事业费和收缴的学杂费中，每年拿出一定比例的经费作为创业教育培训工作的专项经费，由校都市型现代农业创业人才培育工作领导小组统筹计划、合理使用。各院系从创收经费中拿出不低于某一固定比例的经费作为本单位创业教育培训工作的经费。学校还应鼓励全校各职能处室、各院系加强与校友的联络，吸引校外单位或个人捐款设立都市型现代农业创业人才培育基金，资助学校开展创业教育培训活动。第二，面向市场、面向企业，通过创业项目向都市型现代农业相关产业筹资。第三，认真做好经费保障审核工作，并积极向上级政府争取都市型现代农业创业人才培育专项或补助资金。

四、过程监控机制

监控是管理的一个方面，含有“监督”“调控”两层意思。监督，包括监测、督查，是调控的必要前提；调控，即调节、控制，是监督的必然延续。由于创业人才培育质量主要是在创业人才培育的实施过程中形成，而不是靠最后的评价检查出来。所以，创业人才培育过程监控的目的就是保证完成创业人才培育任务，实现创业人才培育目标。其途径一般有两条：一是监测学员的创业成才状况；二是监测创业教育培训过程是否规范，是否符合创业教育培训规律。此外，创业人才培育过程监控的任务在于发现偏离于预期培养目标的误差，并采取有效措施纠正发生的偏差，从而确保创业人才培育任务与目标的实现。但是，如何适应经济发展和都市型现代农业创业形势的需要，树立以过程控制为重点的创业人才培育质量观，构建都市型现代农业创业人才培育质量监控的长效机制，是农业高等院校和培训部门开展都市型现代农业创业教育培训的重点和难点。因此，创业人才培育的过程监控机制应能对都市型现代农业创业人才培育的全过程进行监督和调控，做到事先监控准备过程，事中监控实施过程，事后监控整改过程，确保创业人才培育过程的各个阶段以及最终结果都能达到预期的目标，然后再进入下一轮监控的循环过程。

第四节　都市型现代农业创业人才培育工作的评估机制

实践表明，创业人才培育质量与大学生创业率成正比，而创业人才培育工作状况的准确评估又是促进创业人才培育质量的有效手段。目前，许多教育培训机构还未对创业人才培育建立起科学、合理的评估机制，尽管其中有些培训部门早已有所考虑，但通常比较抽象，模糊、随意性较强。为了全面客观评价都市型现代农业创业教育培训的管理水平和实施效果，有必要建立专门的都市型现代农业创业人才培育工作的评估机制（详见图 6-2）。

一、评估的目的和意义

“评估”是根据一定的标准，以定量或定性的形式，对事物作出判断

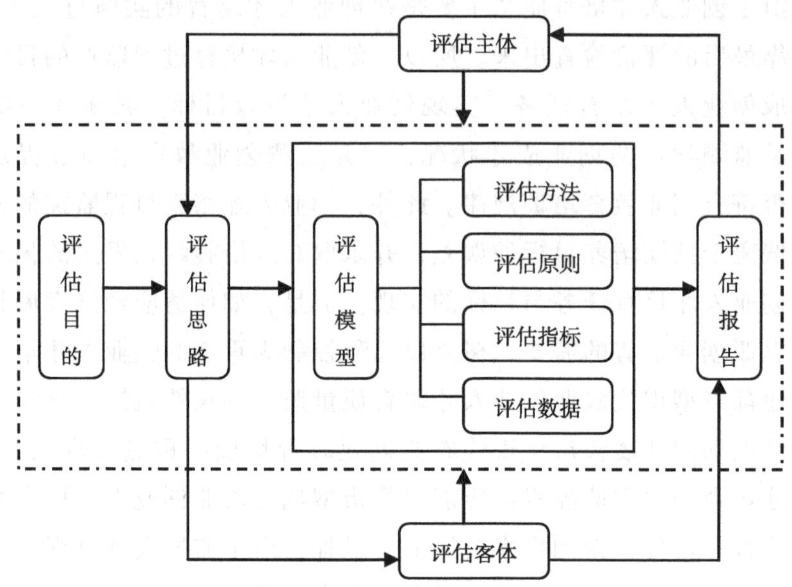

图 6-2　都市型现代农业创业人才培育工作评估

(李莉丽等，2009)。在都市型现代农业创业人才培育过程中，评估本身是对都市型现代农业创业人才培育工作水平和效果的信息反馈和调整纠偏，是都市型现代农业创业人才培育运行机制中的重要环节。其主要目的和意义如下。

(1) 系统总结都市型现代农业创业人才培育工作，肯定主要成绩，找出突出问题，制定并实施整改方案。进一步明确都市型现代农业创业人才培育目标和定位，规范创业教育培训机构办学行为，完善都市型现代农业创业人才培育质量的保障及监控机制；发挥评估对都市型现代农业创业人才培育工作的规范、导向作用。

(2) 逐步建立都市型现代农业创业人才培育评估的创新与发展机制，以及业内和社会对都市型现代农业创业人才的评价认可制度。积极探索具有都市型现代农业特色的创业教育培训评估理论和制度体系；改善并加强政府和教育主管部门对创业教育培训机构的监督、管理与扶持，促进全国创业教育培训事业持续、健康、稳步发展。

(3) 通过评估结果的公布，发挥社会对都市型现代农业创业人才培育工作的支持与监督作用。促进创业教育培训机构主动服务社会，把满足区域经济、都市型现代农业、学员自我实现的需求作为制定都市型现代农业创业人才培育目标和质量标准的基本依据。

二、评估的任务与原则

评估最重要的意图不是为了证明，而是为了改进。即其根本任务就是要全面了解都市型现代农业创业人才培育工作的实际情况，总结经验与特色，找准问题和不足，并为决策提供有用信息，以便于不断改善都市型现代农业创业人才培育工作，实现创业教育培训的价值增值。

此外，都市型现代农业创业人才培育工作评估作为一项专业化、系统化的工程，应遵循静态与动态相融、全面与重点相辅、评价与引导相依、连续持久性和目标一致性等原则。

1. 静态与动态相融

既要重视高校或创业教育培训机构的现实状态，又要关注其发展潜力及今后改革发展的趋势，还要注重考察都市型现代农业创业人才培育的效果和工作过程。

2. 全面与重点相辅

既要把握都市型现代农业创业人才培育工作全局，又要抓住考察重点，对关键环节或要素予以特殊控制。

3. 评价与引导相依

既要客观地对都市型现代农业创业人才培育工作状态做出判断，又要为创业教育培训机构的改革与发展提出建设性的思路与办法。

4. 连续持久性原则

连续持久性原则是指都市型现代农业创业人才培育工作的评估应该是长期、持久、连续的，并非“一次性”的。唯有如此，评估才能真正发挥作用，给予创业教育培训机构以持续的动力和压力。

5. 目标一致性原则

该原则要求设计和制定评估指标体系时，必须以评估目的为出发点和归宿，使指标体系为评估目的服务，即把评估的目的转化为评估指标，将评估的指导思想渗透到评估指标体系之中。

三、评估指标体系的构建

评估指标体系是对评估对象开展程度或效果的客观评价与反映，因此，建立良好完备的评估指标体系是成功评估都市型现代农业创业人才培育工作的重要基础，各级指标的选取一方面要遵循构建指标体系的一般原则，即要求具有科学性、系统性、层次性、主导性、可比性和可操作性。另一方面，还要根据影响都市型现代农业创业人才培育工作的主要影响因素来确定。根据上述评估的目的、任务及其指标体系建立的相关准则，可将经过筛选的指标整合成领导作用、师资队伍、课程建设、社会评价四个子系统，组成都市型现代农业创业人才培育工作评估指标体系。详细指标分类见表6-1。

表6-1　都市型现代农业创业人才培育工作评估指标体系

一级指标	二级指标	说　明	主要载体
领导作用	培育规划	都市型现代农业创业人才培育部门的创业教育培训规划应符合区域社会经济发展规划	区域发展规划 培育部门规划
	培育目标与定位	都市型现代农业创业人才培育的目标明确可行，定位准确有特色，学员规模与创业教育培训条件相适应	培育的目标 培育的特色 学员结构
	对都市型现代农业创业人才培育的重视程度	有关部门重视对都市型现代农业创业人才培育的投入；部门领导重视创业教育培训理论研究，积极参与创业教育培训事务；重视与区域社会、产业合作育人	培育经费支出 领导关注培育情况 与企业合作情况
师资队伍	专任教师	重视创业教育培训团队建设；创业基础课教师注重学历、职称提高；创业专业课教师强调技能水平和企业工作经历	专任教师基本情况 创业教育培训团队
	兼职教师	延请相关企业家和技术能手，逐渐提高他们承担创业实践课程比例，并注重他们教学能力的培训。兼职教师在人才培养中作用发挥好	兼职教师基本情况 兼职教师在创业人才培养中的作用

（续表）

一级指标	二级指标	说　明	主要载体
课程建设	理论课程	根据都市型现代农业发展和创业需求树立教学目标及设置理论课程体系；选用优秀创业教材；教学方式方法灵活多样；重视创业教学资源库建设和使用	课程教学目标 课程设置情况 课程建设成果 选择创业教材 教学方式方法 教学资源库
	实践课程	实践作为创业教育培训的核心环节，其时间应不少于总时间的40%。实习、实训基地能够满足实践计划的安排；实践经费有保障；学员积极参加创业计划大赛	实践环节设计 实践过程管理 实验、实训基地 实践经费条件 创业计划大赛
社会评价	生源	学员报名人数、退学率和满意度情况	学员报名人数 学员退学率 学员满意度
	创业	近三年学员创业率高，带动就业人数多，以及纳税情况	近三年学员创业率 带动就业人数 纳税数额

四、培育工作的评估方法

对都市型现代农业创业人才培育工作的评估，可采用综合指数法。

（一）指标的无量纲化处理

由于指标体系中指标的内容和量纲各不相同，不具有可比性。因此，不能简单地直接加总得出综合性评估结论，必须对定量指标和定性指标采用不同的方法进行无量纲化处理。指标的无量纲化也叫指标数据标准、规范化，是通过数学变换来消除指标间计量单位各异以及数值变化范围不同对综合评估结果的影响。

对于定性指标，指标值具有非定量化和模糊的特点，很难以精确数字表示，只能用模糊数学的方法对模糊信息进行量化处理，相应的无量纲化方法主要有等级比重法、专家评分法和集值统计法。其中，精确度较高的是专家评分法，即 m 个专家对取定的一组指标 x_1，x_2，…，x_n分别给出隶属度 $A(x_i)(i=1,2,\cdots,n)$ 的估计值 $r_{ij}(i=1,2,\cdots,n;\ j=1,2,\cdots,m)$，则指标 x_i的隶属度 r_i可由下式估计：

$$r_i = \frac{1}{m}\sum_{j=1}^{m} r_{ij} \quad (i=1,2,\cdots,n;\ j=1,2,\cdots,m)$$

式中，r_{ij}为第 j 位专家对第 i 个指标的评价值。由专家评分法得出的评判矩阵为一列向量：

$$R = [r_1 \quad r_2 \quad \cdots\cdots \quad r_m]^{\mathrm{T}}$$

对于定量指标，无量纲化方法有多种，从几何角度可归纳为直线型、折线型和曲线型三类。为简单起见，可采用直线型无量纲化方法中常用的“标准化法”“极值法”和“功效系数法”。其中使用最普遍的是标准化处理法。

（二）指标权重的确定

指标体系确定后，须考虑各指标对评估结果的贡献大小，以确定各指标重要程度不同的系数，即权重系数。合理分配权重是评估中量化的关键，其科学合理与否对综合评估结果和评估本身质量有决定性的影响。目前权重的确定方法可大致分为三类：一是主观赋权法，即利用专家的知识、经验给出权重，侧重于指标的价值量，主要包括专家咨询法（Delphi法）、AHP 法（层次分析法）等；二是客观赋权法，如主成分分析法、变异系数法、熵权法等；三是主客观组合赋权法，即体现主客观信息综合集成特征的确定权重的方法，该方法通常可以优化指标权重，使评价结果更趋合理（刘振华等，2007）。

（三）指标值的综合合成

在多指标综合评价中，合成是指通过一定的算式将多个指标对事物不同方面的评价值综合在一起，以得到一个整体性的评价（邱东，1991）。指标值的综合合成方法比较多，常用的有加权线性和法（加法合成）、乘法合成、加乘混合法和代换法等。

鉴于类内指标间相关关系通常较紧密，而类间指标间相关关系不太紧密，以及加乘混合法兼有加法合成和乘法合成两个方法的性质，一般建议选择加乘混合法，以 Y 表示培育工作的开展程度，计算公式为：

$$Y = \sum_{i=1}^{n}\prod_{j=1}^{m} W_j X_j (i = 1, 2, \cdots, n; j = 1, 2, \cdots, m)$$

式中，X_j、W_j 分别为第 j 项标准化后的无量纲指标评估值和权重，n 为指标个数，m 为同类指标个数，其原理就是按照同类指标相乘、异类指标相加的方法对综合评价值进行合成。

第七章　结论与展望

基于以上研究内容，现将主要结论作如下归纳。

1. 研究都市型现代农业创业人才培育具有十分重要的理论价值和现实意义

这不仅是当前转变农业发展方式，打造都市型现代农业产业体系，提高农业质量和效益的重要保证，也是把人口压力转化为人力资源优势的根本途径和推动中国经济迈向创业型经济的动力源泉。在思考如何培育都市型现代农业创业人才之前，对都市型现代农业创业人才培育的基本定位及可行性分析是必不可少的。都市型现代农业创业人才培育核心目标的确定，是对都市型现代农业创业人才培育价值追求的明确表述，是开展都市型现代农业创业人才培育工作的主要依据。而且，从国外开展创业教育的实践活动、理论研究和国内社会经济条件、创业政策环境来看，当前在我国培育都市型现代农业创业人才具有比较明显的现实可行性。

2. 都市型现代农业创业人才培育的总目标在于培养造就能适应不断变革的创业型社会，能融于社会主义新农村建设大潮和满足都市型现代农业产业发展需要的，且结构优化、布局合理、素质优良的都市型现代农业创业人才队伍

这一总目标可分解为两个次级目标：第一，开发和提高广大培育受体的创业基本素质，其中暗含两层意思，一是培育学员的创业意识、创业心理品质、创业精神和创业能力；二是着重培育学员通过创业将专业技术与知识产权商业化的能力。第二，培育涉农创业企业家，即培育数量充足的把创业纳入个人职业生涯、掌握技术技能、具备创业态度和行为的企业家。

3. 新的历史时期和时代发展呼唤都市型现代农业创业人才的培育

农业高等院校或有关培训部门必须转变观念、与时俱进，在都市型现代农业快速发展、全国就业形势日益严峻、创业型经济蓬勃兴起以及新农村建设进一步深化等背景下，深刻理解都市型现代农业创业人才培育的内涵，突破固有“思维”，抓住机遇，把培育大批高学历、有技术、亲农为农、敢想敢干的都市型现代农业创业人才作为主要任务来抓。只有这样，农业高等院校或有关培训部门才能突出创业人才培育的特色，才能加快推进城乡一体化进程，为全面建设和谐小康社会做出贡献，同时也为农业高等院校或有关培训部门开辟新的发展空间或为其可持续发展奠定坚实基础。

4. 此文可能创新之处主要体现在以下 4 个方面

一是选题新颖，从已有的文献材料来看，研究者对创业（型）人才培育的研究主要聚焦在整个高等（职业）教育，迄今学界和教育界还没有人真正以都市型现代农业创业人才培育（针对不同特定群体）为研究的新视窗。本书首次将都市型现代农业与创业人才培育联系起来，重点探析了都市型现代农业创业人才培育的基础理论、创新模式和主导机制，丰富了都市型现代农业人才培养理论，具有“开拓性研究”性质。

二是素材新颖，文中所用的核心数据、案例都是经过实地调研访谈获得的最新第一手资料。例如，第三章中用于统计计量分析的数据和第四章所列举的创业案例。此外，论文还利用了一些外文原版文献以实现“论证素材新”，如第一章国外研究综述部分和第二章可供学习借鉴的国外创业教育优秀经验等。

三是方法新颖，论证方式采用数理与案例实证研究双管齐下，定性同定量分析相辅相成的形式。

四是结论新颖，如第三章中得出的影响农业高校大学生创业意愿的数种因素，大学生村官对政府创业政策态度与关注度的对应关系，等等。

5. 鉴于作者时间、精力等多种因素的限制，短期内无法向更多的研究方向深入，故本书难免会存在不足和有待深入探索的问题

可概括为以下几方面：①对都市型现代农业创业人才培育主要受体的

专项调研不够（如高校毕业生从事实体农业创业的调查），期待有识之士加强对其他培育对象群体的实证研究；②缺乏对其他都市型现代农业人才创业的SWOT分析和个案解析，如有文化、懂技术、会经营的农村实用人才，活跃在大城市郊区农村的“大学生村官”态势分析，以及涉农中小企业骨干和各种农民合作组织负责人等；③未研究都市型现代农业创业人才培育的其他模式；④缺少对培育工作评估方法的实际运用。

都市型现代农业创业人才培育研究，涉及多个学科和不同特殊群体，是一项十分庞杂的系统工程，它只有在各相关学科理论和创业教育工作者的通力合作下，才能启动和完成，而非笔者个人所能胜任。此文只是抛砖引玉，诚望学界同仁在此领域大胆探索、不断创新，争取有更深层次的研究成果呈现。展望未来，笔者坚信在将来不久的某个时期，我国一定能够实现建立农业高校（或培训机构）、政府、企业和其他社会各界多方联动的都市型现代农业创业人才培育体系，能够在实践中进一步完善都市型现代农业创业人才培育模式，并形成一系列扶持都市型现代农业人才创业的相关制度体系。

附　　录

附录1　抽样调查问卷

附录1.1　“农业高等院校大学生创业意愿的影响因素调查问卷”

农业高等院校大学生创业意愿
的影响因素调查问卷

亲爱的＿＿＿＿＿＿同学：

您好！为了解影响我国农业高等院校大学生创业意愿的主要因素，我们正在开展一项问卷调查活动，以便研究提升农业高等院校大学生创业能力的方法或途径。您的意见将给予我们很大的帮助。谢谢您的支持与合作！

一、您的基本情况

1. 学校名称：＿＿＿＿＿＿＿＿

2. 年龄（周岁）：＿＿＿＿＿＿

3. 性别：A. 男　　B. 女

4. 生源：A. 北京城区（含朝阳区、海淀区、丰台区、石景山区）
　B. 北京近郊区　　C. 远郊区　　D. 京外城镇
　E. 京外农村

5. 健康状况：A. 优　　B. 良　　C. 中等　　D. 较差

6. 受教育年限（年数）：____________

7. 学科类别：A. 理　　B. 工　　C. 农　　D. 经管

　　　　　　E. 文　　F. 其他（请注明）____________

8. 性格取向：A. 外向　　B. 内向

　　　　　　C. 其他（请注明）____________

9. 政治面貌：A. 党员　　B. 团员　　C. 群众

二、您的家庭背景

10. 您家庭的户籍属于？

A. 居民户　　B. 农民户

11. 您家庭经济状况？（注：人均月收入=每月家庭总收入/家庭人口数）

A. 好（4000 元以上）　　B. 较好（1 500~4 000 元）

C. 较差（800~1 500 元）　　D. 差（800 元以下）

12. 您家庭主要成员或主要社会关系中是否有人自主创业或合伙创业？

A. 是　　B. 否

三、您的创业意愿及其影响因素

13. 您大学毕业后是否具有创业意愿？（注：选择“是”继续在下列选项中进行选择，选择“否”进入下一题）

A. 是　　B. 否

（1）大学毕业后是否会立即创业或参加创业？

A. 是　　B. 否

（2）是否考虑大学毕业后 3~5 年或更长时间后参加创业？

A. 是　　B. 否

14. 您在校（大学，下同）期间是否获得过各类奖学金？（注：选择“是”继续在下列选项中进行选择，选择“否”进入下一题）

A. 是　　B. 否

（1）所获奖学金类型？

A. 综合奖学金　　B. 单项奖学金

15. 您在实验、实习、实践活动中是否获得过荣誉称号或表彰？

A. 是　　　B. 否

16. 您在校期间是否担任过党团支部、班委主要负责人？

A. 是　　　B. 否

17. 您在校期间是否担任过学生会、社团组织的负责人？

A. 是　　　B. 否

18. 您在校期间是否主动组织过某种班级及以上集体、社团的活动？

A. 是　　　B. 否

19. 您在校期间是否积极参加或协助组织过某种班级及以上集体、社团的活动？

A. 是　　　B. 否

20. 您对自身未来就业难易程度的预期是？

A. 容易　B. 比较容易　C. 比较难　D. 很难　E. 说不清

21. 您对创业回馈或创业前景的估计是？

A. 很好　B. 比较好　C. 不好　D. 非常糟糕　E. 说不清

22. 您对创建一个企业所需的基本流程和相关政策法规？

A. 熟悉　B. 比较熟悉　C. 不太熟悉　D. 很不熟悉

23. 您是否参加过创业教育的相关课程（包括理论课程与实训课程）？（注：选择“是”继续在下列选项中进行选择，选择“否”进入下一题）

A. 是　　　B. 否

（1）您所参加的全部创业课程的累计学时是？（注：1 学分 = 16 学时）

A. 20 学时以内　　　B. 20～40 学时

C. 40～60 学时　　　D. 60 学时以上

24. 您是否接受过创业类教育培训或讲座？（注：选择“是”继续在下列选项中进行选择，选择“否”进入下一题）

A. 是　　　B. 否

25. 您希望学校为大学生创业提供哪些帮助？[多选]

A. 建立创业实践基地，提供充足的实践机会　B. 举办创业大赛

C. 开设创业课程，举办创业讲座

D. 到成功企业参观考察　　E. 提供一定的资金或技术支持

F. 其他（请注明）__________

26. 您认为大学生创业教育应该从那个年级开始比较合适？

A. 大一　　B. 大二　　C. 大三　　D. 大四　　E. 说不清

再次感谢您的支持、信任与帮助！

附录 1.2　“大学生村官创业成才调查问卷”

大学生村官创业成才调查问卷

亲爱的大学生村官朋友：

您好！为了解您的创业成才情况，我们开展本次问卷调查。问卷不记名，调查结果仅供研究和决策参考用，不涉及对您和所在地的评价，请如实填写。

感谢您的大力支持！

姓名：__________　　服务乡镇：__________

1. 您的性别：A. 男　　B. 女

2. 政治面貌：A. 中共党员　　B. 共青团员

　C. 民主党派　　D. 群众

3. 毕业院校：__________

4. 所学专业：__________

5. 担任“村官”年数：A. 1 年不到　　B. 1~2 年

　C. 2~3 年　　D. 3 年以上

6. 您的创业（打算）情况：[单选]

A. 考虑过，但没实施　　B. 从未有创业打算

C. 正在进行创业　　D. 曾创业，现已停止

7. 您认为大学生村官创业应具备下列哪些素质：[多选]

A. 远大的理想和抱负　B. 丰富的专业知识
C. 较强的环境适应能力　D. 良好的组织协调能力
E. 勤奋刻苦、吃苦耐劳的精神　F. 力求上进的品质
G. 超强的学习能力

8. 大学生村官相对其他社会阶层的创业优势在哪里：[多选]
A. 年轻有活力，勇于拼搏　B. 专业素质较高
C. 政府扶持力度大　D. 能吃苦耐劳，有远大志向
E. 学习能力强，有创新精神　F. 其他

9. 如果创业，那么您会选择哪种形式？[单选]
A. 合伙创业　B. 自主创业　C. 依托企业创业

10. 您将通过什么途径获取创业启动资金：[多选]
A. 专项小额贷款　B. 商业贷款　C. 共同出资
D. 创业基金　E. 政府和社会资助　F. 自主筹资
G. 其他

11. 您希望政府给予下列哪些方面的创业扶持：[多选]
A. 加大社会宣传力度，创造良好的社会环境
B. 加强大学生村官创业成才的政策支持
C. 健全大学生村官创业成才的保障制度
D. 完善基层团组织服务村官创业成才工作考核机制
E. 政府各职能部门出资，为大学生村官提供定期培训和教育
F. 强化监督，确保相关政策的有效落实
G. 其他

12. 影响和决定大学生村官创业的内部因素是：[多选]
A. 对农村工作不熟悉，无法结合实际进行创业
B. 创业启动资金不足　C. 缺乏相关知识、经验和技能
D. 吃不起苦，缺少创业信心　E. 其他事情太多，没有时间

13. 影响和决定大学生村官创业的外部条件是：[多选]
A. 各级政府组织的重视和关心　B. 村民的认可和参与
C. 本村经济社会发展的实际状况　D. 社会资源的整合落实程度

E. 村干部与领导班子对大学生村官创业的支持

F. 其他

14. 您是否参加过创业类培训？

A. 是　　　　B. 否

（注：选择“是”继续在下列选项中进行选择，选择“否”进入下一题）

（1）参加这类培训活动的目的是？[多选]

A. 熟悉创业的过程和方法　　　　B. 了解当前国内创业形势

C. 结识一些有创业经验的人　　　D. 掌握创业相关技能和知识

（2）最希望创业导师给予您哪些方面的帮助：[多选]

A. 创业政策法规指导　　　　　　B. 创业项目的挑选与申报

C. 指点经营技巧和方法　　　　　D. 传授实战的管理经验

（3）您对创业培训的效用评价是？[单选]

A. 帮助很大　　B. 有些帮助　　C. 效果一般　　D. 帮助不大

15. 您对政府鼓励和扶持大学生村官创业持怎样的态度：[单选]

A. 非常支持，非常支持，可作考核依据

B. 支持，但应注意把握尺度，不能把“鼓励”变成“要求

C. 中立，没啥感觉

D. 反对，条件还不成熟

16. 您对政府出台的创业政策法规的关注情况：[单选]

A. 经常关注，很清楚　　　　　　B. 有时关注，比较清楚

C. 很少关注，知道一点　　　　　D. 从未关注，不清楚

17. 对于如何服务大学生村官创业成才问题，您若有好的建议和想法，请写下来：

衷心感谢您的配合！

附录2　创业政策文件

附录2.1

国务院办公厅《关于建设大众创业万众创新示范基地的实施意见》

国办发〔2016〕35号

各省、自治区、直辖市人民政府，国务院各部委、各直属机构：

根据2016年《政府工作报告》部署和《国务院关于大力推进大众创业万众创新若干政策措施的意见》（国发〔2015〕32号）等文件精神，为在更大范围、更高层次、更深程度上推进大众创业万众创新，加快发展新经济、培育发展新动能、打造发展新引擎，建设一批双创示范基地、扶持一批双创支撑平台、突破一批阻碍双创发展的政策障碍、形成一批可复制可推广的双创模式和典型经验，重点围绕创业创新重点改革领域开展试点示范，经国务院同意，现提出以下实施意见。

一、总体思路

（一）指导思想

牢固树立并贯彻落实创新、协调、绿色、开放、共享的新发展理念，加快实施创新驱动发展战略，全面落实推动双创的各项政策措施。加强顶层设计和统筹谋划，通过试点示范完善双创政策环境，推动双创政策落地，扶持双创支撑平台，构建双创发展生态，调动双创主体积极性，发挥双创和“互联网+”集众智汇众力的乘数效应，发展新技术、新产品、新业态、新模式，总结双创成功经验并向全国推广，进一步促进社会就业，推动形成双创蓬勃发展的新局面，实现发展动力转换、结构优化，促进经济提质增效升级。

（二）基本原则

——坚持政府引导，加强政策协同。通过试点示范加强各类政策统筹，实现地方与部门政策联动，确保已出台扶持政策具体化、可操作、能落地，切实解决政策落实“最后一公里”问题。结合现有工作基础，更加注重政策前瞻性、引领性，不断完善体制机制，营造有利于双创的政策环境。

——坚持市场主导，搞活双创主体。充分发挥市场配置资源的决定性作用，结合科技、教育和国有企业等改革，放开市场、放活主体，通过环境营造、制度设计、平台搭建等方式，聚焦新兴产业和创新型初创企业，扩大社会就业，培育全社会双创的内生动力。

——坚持问题导向，鼓励先行先试。系统梳理不同领域推动双创的特点和难点，从解决制约双创发展的核心问题入手，明确试点方向，充分调动地方、部门和企业的积极性，大胆探索，勇于尝试，突破制度障碍，切实解决创业者面临的资金、信息、政策、技术、服务等瓶颈问题。

——坚持创新模式，完善双创平台。以构建双创良好生态为目标，系统谋划、统筹考虑，结合各类双创支撑平台的特点，支持建立多种类型的双创示范基地。探索创新平台发展模式，不断丰富平台服务功能，引导社会资源支持双创。

（三）主要目标

力争通过三年时间，围绕打造双创新引擎，统筹产业链、创新链、资金链和政策链，推动双创组织模式和服务模式创新，加强双创文化建设，到2018年底前建设一批高水平的双创示范基地，培育一批具有市场活力的双创支撑平台，突破一批阻碍双创发展的政策障碍，推广一批适应不同区域特点、组织形式和发展阶段的双创模式和典型经验，加快推动创新型企业成长壮大，努力营造鼓励创新、宽容失败的社会氛围，带动高质量的就业，促进新技术、新产品、新业态、新模式发展，为培育发展新动能提供支撑。

二、示范布局

（一）统筹示范类型

强化顶层设计，注重分类指导，充分考虑各类主体特点和区域发展情况，有机衔接现有工作基础，有序推进双创示范基地建设。

依托双创资源集聚的区域、高校和科研院所、创新型企业等不同载体，支持多种形式的双创示范基地建设。引导双创要素投入，有效集成高校、科研院所、企业和金融、知识产权服务以及社会组织等力量，实施一批双创政策措施，支持建设一批双创支撑平台，探索形成不同类型的示范模式。

（二）统筹区域布局

充分考虑东、中、西部和东北地区双创发展情况和特点，结合全面创新改革试验区域、国家综合配套改革试验区、国家自主创新示范区等布局，统筹部署双创示范基地建设，依托各自优势和资源，探索形成各具特色的区域双创形态。

（三）统筹现有基础

有机衔接各地方、各部门已有工作基础，在双创示范基地遴选、政策扶持、平台建设等方面充分发挥现有机制作用，依托众创空间、小微企业创业基地和城市等各类双创平台和示范区域，各有区别，各有侧重，协同完善双创政策体系。

（四）统筹有序推进

分批次、分阶段推进实施。首批双创示范基地选择在部分创新资源丰富、体制机制基础好、示范带动能力强的区域和单位先期开展示范布局，建立健全工作机制。在此基础上，逐步完善制度设计，有序扩大示范范围，探索统筹各方资源共同支持建设双创示范基地的新模式。

三、改革举措

积极推进结构性改革尤其是供给侧结构性改革，支持示范基地探索创新、先行先试，在双创发展的若干关键环节和重点领域，率先突破一批瓶颈制约，激发体制活力和内生动力，营造良好的创业创新生态和政策环境，促进新旧动能顺畅转换。

（一）拓宽市场主体发展空间

持续增强简政放权、放管结合、优化服务改革的累积效应，支持示范基地纵深推进审批制度改革和商事制度改革，先行试验一批重大行政审批改革措施。取消和下放一批行政审批事项，深化网上并联审批和纵横协同监管改革，推行政务服务事项的“一号申请、一窗受理、一网通办”。最大限度减少政府对企业创业创新活动的干预，逐步建立符合创新规律的政府管理制度。

（二）强化知识产权保护

在示范基地内探索落实商业模式等新形态创新成果的知识产权保护办法，推行知识产权管理规范的国家标准。开展知识产权综合执法，建立知识产权维权援助网点和快速维权通道，加强关键环节、重点领域的知识产权保护。将侵犯知识产权行为情况纳入信用记录，归集到全国信用信息共享平台，构建失信联合惩戒机制。

（三）加速科技成果转化

全面落实《中华人民共和国促进科技成果转化法》，落实完善科研项目资金管理等改革措施，赋予高校和科研院所更大自主权，并督促指导高校和科研院所切实用好。支持示范基地完善新兴产业和现代服务业发展政策，打通科技和经济结合的通道。落实新修订的高新技术企业认定管理办法，充分考虑互联网企业特点，支持互联网企业申请高新技术企业认定并享受相关政策。

（四）加大财税支持力度

加大中央预算内投资、专项建设基金对示范基地支持力度。在示范基地内探索鼓励创业创新的税收支持政策。抓紧制定科技型中小企业认定办法，对高新技术企业和科技型中小企业转化科技成果给予个人的股权奖励，递延至取得股权分红或转让股权时纳税。有限合伙制创业投资企业采取股权投资方式投资于未上市中小高新技术企业满 2 年的，该有限合伙制创业投资企业的法人合伙人可享受企业所得税优惠。居民企业转让 5 年以上非独占许可使用权取得的技术转让所得，可享受企业所得税优惠。

（五）促进创业创新人才流动

鼓励示范基地实行更具竞争力的人才吸引制度。加快社会保障制度改革，完善社保关系转移接续办法，建立健全科研人员双向流动机制，落实事业单位专业技术人员离岗创业有关政策，促进科研人员在事业单位和企业间合理流动。开展外国人才永久居留及出入境便利服务试点，建设海外人才离岸创业基地。

（六）加强协同创新和开放共享

加大示范基地内的科研基础设施、大型科研仪器向社会开放力度。鼓励大型互联网企业、行业领军企业通过网络平台向各类创业创新主体开放技术、开发、营销、推广等资源，加强创业创新资源共享与合作，构建开放式创业创新体系。

四、建设任务

以促进创新型初创企业发展为抓手，以构建双创支撑平台为载体，明确示范基地建设目标和建设重点，积极探索改革，推进政策落地，形成一批可复制可推广的双创模式和典型经验。

（一）区域示范基地

建设目标：

结合全面创新改革试验区域、国家综合配套改革试验区、国家自主创新示范区等，以创业创新资源集聚区域为重点和抓手，集聚资本、人才、技术、政策等优势资源，探索形成区域性的创业创新扶持制度体系和经验。

建设重点：

(1) 推进服务型政府建设。进一步转变政府职能，简政放权、放管结合、优化服务，在完善市场环境、深化审批制度改革和商事制度改革等方面采取切实有效措施，降低创业创新成本。加强创业创新信息资源整合，面向创业者和小微企业需求，建立创业政策集中发布平台，完善专业化、网络化服务体系，增强创业创新信息透明度。

(2) 完善双创政策措施。加强政府部门的协调联动，多管齐下抓好已出台政策落实，打通政策落地的“最后一公里”。结合区域发展特点，面向经济社会发展需求，加大财税支持力度，强化知识产权保护，在科技成果转化、促进人才流动、加强协同创新和开放共享等方面，探索突破一批制约创业创新的制度瓶颈。

(3) 扩大创业投资来源。落实鼓励创业投资发展的税收优惠政策，营造创业投资、天使投资发展的良好环境。规范设立和发展政府引导基金，支持创业投资、创新型中小企业发展。丰富双创投资和资本平台，进一步拓宽投融资渠道。

（4）构建创业创新生态。加强创业培训、技术服务、信息和中介服务、知识产权交易、国际合作等支撑平台建设，深入实施“互联网+”行动，加快发展物联网、大数据、云计算等平台，促进各类孵化器等创业培育孵化机构转型升级，打通政产学研用协同创新通道。

（5）加强双创文化建设。加大双创宣传力度，培育创业创新精神，强化创业创新素质教育，树立创业创新榜样，通过公益讲坛、创业论坛、创业培训等形式多样的活动，努力营造鼓励创新、宽容失败的社会氛围。

（二）高校和科研院所示范基地

建设目标：

以高校和科研院所为载体，深化教育、科技体制改革，完善知识产权和技术创新激励制度，充分挖掘人力和技术资源，把人才优势和科技优势转化为产业优势和经济优势，促进科技成果转化，探索形成中国特色高校和科研院所双创制度体系和经验。

建设重点：

（1）完善创业人才培养和流动机制。深化创业创新教育改革，建立创业理论研究平台，完善相关课程设置，实现创业创新教育和培训制度化、体系化。落实高校、科研院所等专业技术人员离岗创业政策，建立健全科研人员双向流动机制。加大吸引海外高水平创业创新人才力度。

（2）加速科技成果转化。全面落实改进科研项目资金管理，下放科技成果使用、处置和收益权等改革措施，提高科研人员成果转化收益比例，加大股权激励力度，鼓励科研人员创业创新。开放各类创业创新资源和基础设施，构建开放式创业创新体系。

（3）构建大学生创业支持体系。实施大学生创业引领计划，落实大学生创业指导服务机构、人员、场地、经费等。建立健全弹性学制管理办法，允许学生保留学籍休学创业。构建创业创新教育和实训体系。加强创业导师队伍建设，完善兼职创业导师制度。

（4）建立健全双创支撑服务体系。引导和推动创业投资、创业孵化与高校、科研院所等技术成果转移相结合。完善知识产权运营、技术交流、通用技术合作研发等平台。

（三）企业示范基地

建设目标：

充分发挥创新能力突出、创业氛围浓厚、资源整合能力强的领军企业核心作用，引导企业转型发展与双创相结合，大力推动科技创新和体制机制创新，探索形成大中小型企业联合实施双创的制度体系和经验。

建设重点：

（1）构建适合创业创新的企业管理体系。健全激励机制和容错纠错机制，激发和保护企业家精神。结合国有企业改革，强化组织管理制度创新，鼓励企业按照有关规定，通过股权、期权、分红等激励方式，支持员工自主创业、企业内部再创业，增强企业创新发展能力。

（2）激发企业员工创造力。加快技术和服务等双创支撑平台建设，开放创业创新资源，为员工创业创新提供支持。积极培育创客文化，激发员工创造力，提升企业市场适应能力。

（3）拓展创业创新投融资渠道。建立面向员工创业和小微企业发展的创业创新投资平台，整合企业内外部资金资源，完善投融资服务体系，为创业项目和团队提供全方位的投融资支持。

（4）开放企业创业创新资源。依托物联网、大数据、云计算等技术和服务平台，探索服务于产业和区域发展的新模式，利用互联网手段，向社会开放供应链，提供财务、市场、融资、技术、管理等服务，促进大中型企业和小微企业协同创新、共同发展。

五、步骤安排

2016 年上半年，首批双创示范基地结合自身特点，研究制定具体工作方案，明确各自建设目标、建设重点、时间表和路线图。国家发展改革委会同教育部、科技部、工业和信息化部、财政部、人力资源社会保障部、国务院国资委、中国科协等部门和单位论证、完善工作方案，建立执行评估体系和通报制度。示范基地工作方案应向社会公布，接受社会监督。

2016年下半年，首批双创示范基地按照工作方案，完善制度体系，加快推进示范基地建设。

2017年上半年，国家发展改革委会同相关部门组织对示范基地建设开展督促检查和第三方评估。对于成熟的可复制可推广的双创模式和典型经验，在全国范围内推广。

2017年下半年，总结首批双创示范基地建设经验，完善制度设计，丰富示范基地内涵，逐步扩大示范基地范围，组织后续示范基地建设。

双创示范基地所在地人民政府要高度重视，加强领导，完善组织体系，把双创示范基地建设作为重要抓手和载体，认真抓好落实；要出台有针对性的政策措施，保证政策真正落地生根，进一步释放全社会创新活力。各相关部门要加强指导，建立地方政府、部门政策协调联动机制，为高校、科研院所、各类企业等提供政策支持、科技支撑、人才引进、公共服务等保障条件，形成强大政策合力；要细化评估考核机制，建立良性竞争机制，实现对示范基地的动态调整，推动形成大众创业万众创新的新局面。

国务院办公厅

2016年5月8日

附录 2.2

教育部《关于大力推进高等学校创新创业教育和大学生自主创业工作的意见》

教办〔2010〕3号

各省、自治区、直辖市教育厅（教委），部属各高等学校，各国家大学科技园：

党的十七大提出“提高自主创新能力，建设创新型国家”和“促进以创业带动就业”的发展战略。大学生是最具创新、创业潜力的群体之一。在高等学校开展创新创业教育，积极鼓励高校学生自主创业，是教育系统深入学习实践科学发展观，服务于创新型国家建设的重大战略举措；是深化高等教育教学改革，培养学生创新精神和实践能力的重要途径；是落实以创业带动就业，促进高校毕业生充分就业的重要措施。为统筹做好高校创新创业教育、创业基地建设和促进大学生自主创业工作，现提出以下意见。

一、大力推进高等学校创新创业教育工作

（1）创新创业教育是适应经济社会和国家发展战略需要而产生的一种教学理念与模式。在高等学校中大力推进创新创业教育，对于促进高等教育科学发展，深化教育教学改革，提高人才培养质量具有重大的现实意义和长远的战略意义。创新创业教育要面向全体学生，融入人才培养全过程。要在专业教育基础上，以转变教育思想、更新教育观念为先导，以提升学生的社会责任感、创新精神、创业意识和创业能力为核心，以改革人才培养模式和课程体系为重点，大力推进高等学校创新创业教育工作，不断提高人才培养质量。

（2）加强创新创业教育课程体系建设。把创新创业教育有效纳入专业教育和文化素质教育教学计划和学分体系，建立多层次、立体化的创新创业教育课程体系。突出专业特色，创新创业类课程的设置要与专业课程体系有机融合，创新创业实践活动要与专业实践教学有效衔接，积极推进人才培养模式、教学内容和课程体系改革。加强创新创业教育教材建设，借鉴国外成功经验，编写适用和有特色的高质量教材。

（3）加强创新创业师资队伍建设。引导各专业教师、就业指导教师积极开展创新创业教育方面的理论和案例研究，不断提高在专业教育、就业指导课中进行创新创业教育的意识和能力。支持教师到企业挂职锻炼，鼓励教师参与社会行业的创新创业实践。积极从社会各界聘请企业家、创业成功人士、专家学者等作为兼职教师，建立一支专兼结合的高素质创新创业教育教师队伍。高校要从教学考核、职称评定、培训培养、经费支持等方面给予倾斜支持。定期组织教师培训、实训和交流，不断提高教师教学研究与指导学生创新创业实践的水平。鼓励有条件的高校建立创新创业教育教研室或相应的研究机构。

（4）广泛开展创新创业实践活动。高等学校要把创新创业实践作为创新创业教育的重要延伸，通过举办创新创业大赛、讲座、论坛、模拟实践等方式，丰富学生的创新创业知识和体验，提升学生的创新精神和创业能力。省级教育行政部门和高校要将创新创业教育和实践活动成果有机结合，积极创造条件对创新创业活动中涌现的优秀创业项目进行孵化，切实扶持一批大学生实现自主创业。

（5）建立质量检测跟踪体系。省级教育行政部门和高等学校要建立创新创业教育教学质量监控系统。要建立在校和离校学生创业信息跟踪系统，收集反馈信息，建立数据库，把未来创业成功率和创业质量作为评价创新创业教育的重要指标，反馈指导高等学校的创新创业教育教学，建立有利于创新创业人才脱颖而出的教育体系。

（6）加强理论研究和经验交流。教育部成立高校创业教育指导委员会，开展高校创新创业教育的研究、咨询、指导和服务。省级教育行政部门和高等学校要加强对国内外创新创业教育理论研究，组织编写高校创新创业教育先进经验材料汇编和大学生创业成功案例集。省级教育行政部门应定期组织创新创业教育经验交流会、座谈会、调研活动，总结交流创新创业教育经验，推广创新创业教育优秀成果。逐步探索建立中国特色的创新创业教育理论体系，形成符合实际、切实可行的创新创业教育发展思路，指导创新创业教育教学改革发展。

二、加强创业基地建设，打造全方位创业支撑平台

（7）全面建设创业基地。教育部会同科技部，以国家大学科技园为主要依托，重点建设一批“高校学生科技创业实习基地”，并制定出台相关认定办法。省级教育行政部门要结合本地实际，通过多种形式建立省级大学生创业实习和孵化基地；同时要积极争取有关部门支持，推动本地区有关地市、高等学校、大学科技园建立大学生创业实习或孵化基地，并按其类别、规模和孵化效果，给予大力支持，充分发挥基地的辐射示范作用。

（8）明确创业基地功能定位。大学生创业实习或孵化基地是高等学校开展创新创业教育、促进学生自主创业的重要实践平台，主要任务是整合各方优势资源，开展创业指导和培训，接纳大学生实习实训，提供创业项目孵化的软硬件支持，为大学生创业提供支撑和服务，促进大学生创业就业。

（9）规范创业基地管理。大学科技园作为“高校学生科技创业实习基地”的建设主体，要把基地建设作为园区建设的重要内容，确定专门的管理部门负责基地的建设和管理；加强与依托学校和有关部门的联动，共同开展大学生实习实训和创业实践。有关高等学校要高度重视大学科技园在创新创业人才培养中的作用，出台有利于大学科技园开展学生创业工作的政策措施和激励机制。

（10）提供多种形式的创业扶持。大学生创业实习或孵化基地要结合实际，为大学生创业提供场地、资金、实训等多方面的支持。要开辟较为集中的大学生创业专用场地，配备必要的公共设备和设施，为大学生创业企业提供至少12个月的房租减免。要提供法律、工商、税务、财务、人事代理、管理咨询、项目推荐、项目融资等方面的创业咨询和服务，以及多种形式的资金支持；要为大学生开展创业培训、实训；建立公共信息服务平台，发布相关政策、创业项目和创业实训等信息。

三、进一步落实和完善大学生自主创业扶持政策，加强创业指导和服务工作

（11）切实落实创业扶持政策。省级教育行政部门要按人力资源和社

会保障部、教育部等《关于实施“2010高校毕业生就业推进行动”大力促进高校毕业生就业的通知》（人社部发〔2010〕25号）要求，与有关部门密切配合，共同组织实施“创业引领计划”，并切实落实以下政策：对高校毕业生初创企业，可按照行业特点，合理设置资金、人员等准入条件，并允许注册资金分期到位。允许高校毕业生按照法律法规规定的条件、程序和合同约定将家庭住所、租借房、临时商业用房等作为创业经营场所。对应届及毕业2年以内的高校毕业生从事个体经营的，自其在工商部门首次注册登记之日起3年内，免收登记类和证照类等有关行政事业性收费；登记求职的高校毕业生从事个体经营，自筹资金不足的，可按规定申请小额担保贷款，从事微利项目的，可按规定享受贴息扶持；对合伙经营和组织起来就业的，贷款规模可适当扩大。完善整合就业税收优惠政策，鼓励高校毕业生自主创业。

（12）积极争取资金投入。省级教育行政部门要与有关部门协调配合，积极争取当地政府和社会支持，通过财政和社会两条渠道设立“高校毕业生创业资金”“天使基金”等资助项目，重点扶持大学生创业。要建立健全创业投资机制，鼓励吸引外资和国内社会资本投资大学生创业企业。

（13）积极开展创业培训。省级教育行政部门要积极配合有关部门，对有创业愿望并具备一定创业条件的高校学生，普遍开展创业培训。要积极整合各方面资源，把成熟的创业培训项目引入高校，并探索、开发适合我国大学生创业的培训项目。同时，高等学校要加强对在校生的创业风险意识教育，帮助学生了解创业过程中可能遇到的困难和问题，不断提高防范和规避风险的意识和能力。

（14）全面加强创业信息服务。省级教育行政部门和高等学校要加大服务力度，拓展服务内涵，充分利用现有就业指导服务平台，特别是就业信息服务平台，广泛收集创业项目和创业信息，开展创业测评、创业模拟、咨询帮扶，有条件的要抓紧设立创业咨询室，开展“一对一”的创业指导和咨询，增强创业服务的针对性和有效性。

（15）高等学校要出台促进在校学生自主创业的政策和措施。高校可通过多种渠道筹集资金，普遍设立大学生创业扶持资金；依托大学科技园、创业基地、各种科研平台以及其他科技园区等为学生提供创业场地。同时，有条件的高校要结合学科专业和科研项目的特点，积极促进教师和学生的科研成果、科技发明、专利等转化为创业项目。

四、加强领导，形成推进高校创业教育和大学生自主创业的工作合力

（16）省级教育行政部门要把促进高校创新创业教育和大学生自主创业工作摆在突出重要位置。要积极争取有关部门支持，创造性地开展工作，因地制宜地出台并切实落实鼓励大学生创业的政策措施。要加大对高校创新创业教育、创业基地建设的投入力度，在经费、项目和基金等方面给予倾斜。有条件的地区可设立针对大学生的创业实践项目，为大学生创业实践活动提供小额经费支持。根据工作需要，可评选创新创业教育示范校、创业示范基地。

（17）高等学校要把创新创业教育和大学生自主创业工作纳入学校重要议事日程。要理顺领导体制，建立健全教学、就业、科研、团委、大学科技园等部门参加的创新创业教育和自主创业工作协调机制。统筹创新创业教育、创业基地建设、创业政策扶持和创业指导服务等工作，明确分工，切实加大人员、场地、经费投入，形成长效机制。

（18）营造鼓励创新创业的良好舆论氛围。省级教育行政部门和高等学校要广泛开展创新创业教育和大学生自主创业的宣传，通过报刊、广播、电视、网络等媒体，积极宣传国家和地方促进创业的政策、措施，宣传各地和高校推动创新创业教育和促进大学生创业工作的新举措、新成效，宣传毕业生自主创业的先进典型。通过组织大学生创业事迹报告团等形式多样的活动，激发学生的创业热情，引导学生树立科学的创业观、就业观、成才观。

中华人民共和国教育部

2010 年 5 月 4 日

附录 2.3

国务院办公厅《关于支持返乡下乡人员创业创新　促进农村一二三产业融合发展的意见》

国办发〔2016〕84号

各省、自治区、直辖市人民政府，国务院各部委、各直属机构：

近年来，随着大众创业、万众创新的深入推进，越来越多的农民工、中高等院校毕业生、退役士兵和科技人员等返乡下乡人员到农村创业创新，为推进农业供给侧结构性改革、活跃农村经济发挥了重要作用。返乡下乡人员创业创新，有利于将现代科技、生产方式和经营理念引入农业，提高农业质量效益和竞争力；有利于发展新产业新业态新模式，推动农村一二三产业融合发展；有利于激活各类城乡生产资源要素，促进农民就业增收。在《国务院办公厅关于支持农民工等人员返乡创业的意见》（国办发〔2015〕47号）和《国务院办公厅关于推进农村一二三产业融合发展的指导意见》（国办发〔2015〕93号）的基础上，为进一步细化和完善扶持政策措施，鼓励和支持返乡、下乡人员创业创新，经国务院同意，现提出如下意见。

一、重点领域和发展方向

1. 突出重点领域

鼓励和引导返乡、下乡人员结合自身优势和特长，根据市场需求和当地资源禀赋，利用新理念、新技术和新渠道，开发农业农村资源，发展优势特色产业，繁荣农村经济。重点发展规模种养业、特色农业、设施农业、林下经济、庭院经济等农业生产经营模式，烘干、贮藏、保鲜、净化、分等分级、包装等农产品加工业，农资配送、耕地修复治理、病虫害防治、农机作业服务、农产品流通、农业废弃物处理、农业信息咨询等生产性服务业，休闲农业和乡村旅游、民族风情旅游、传统手工艺、文化创意、养生养老、中央厨房、农村绿化美化、农村物业管理等生活性服务业，以及其他新产业新业态新模式。

2. 丰富创业创新方式

鼓励和引导返乡下乡人员按照法律法规和政策规定，通过承包、租赁、入股、合作等多种形式，创办领办家庭农场林场、农民合作社、农业企业、农业社会化服务组织等新型农业经营主体。通过聘用管理技术人才组建创业团队，与其他经营主体合作组建现代企业、企业集团或产业联盟，共同开辟创业空间。通过发展农村电商平台，利用互联网思维和技术，实施“互联网+”现代农业行动，开展网上创业。通过发展合作制、股份合作制、股份制等形式，培育产权清晰、利益共享、机制灵活的创业创新共同体。

3. 推进农村产业融合

鼓励和引导返乡下乡人员按照全产业链、全价值链的现代产业组织方式开展创业创新，建立合理稳定的利益联结机制，推进农村一二三产业融合发展，让农民分享二三产业增值收益。以农牧（农林、农渔）结合、循环发展为导向，发展优质高效绿色农业。实行产加销一体化运作，延长农业产业链条。推进农业与旅游、教育、文化、健康养老等产业深度融合，提升农业价值链。引导返乡下乡人员创业创新向特色小城镇和产业园区等集中，培育产业集群和产业融合先导区。

二、政策措施

4. 简化市场准入

落实简政放权、放管结合、优化服务一系列措施，深化行政审批制度改革，持续推进商事制度改革，提高便利化水平。落实注册资本认缴登记和“先照后证”改革，在现有“三证合一”登记制度改革成效的基础上大力推进“五证合一、一照一码”登记制度改革。推动住所登记制度改革，积极支持各地放宽住所（经营场所）登记条件。县级人民政府要设立“绿色通道”，为返乡下乡人员创业创新提供便利服务，对进入创业园区的，提供有针对性的创业辅导、政策咨询、集中办理证照等服务。对返乡下乡人员创业创新免收登记类、证照类等行政事业性收费。（工商总局等负责）

5. 改善金融服务

采取财政贴息、融资担保、扩大抵押物范围等综合措施，努力解决返乡下乡人员创业创新融资难问题。稳妥有序推进农村承包土地的经营权抵押贷款试点，有效盘活农村资源、资金和资产。鼓励银行业金融机构开发符合返乡下乡人员创业创新需求的信贷产品和服务模式，探索权属清晰的包括农业设施、农机具在内的动产和不动产抵押贷款业务，提升返乡下乡人员金融服务可获得性。推进农村普惠金融发展，加强对纳入信用评价体系返乡下乡人员的金融服务。加大对农业保险产品的开发和推广力度，鼓励有条件的地方探索开展价格指数保险、收入保险、信贷保证保险、农产品质量安全保证保险、畜禽水产活体保险等创新试点，更好地满足返乡下乡人员的风险保障需求。（人民银行、银监会、保监会、农业部、国家林业局等负责）

6. 加大财政支持力度

加快将现有财政政策措施向返乡下乡人员创业创新拓展，将符合条件的返乡下乡人员创业创新项目纳入强农惠农富农政策范围。新型职业农民培育、农村一二三产业融合发展、农业生产全程社会化服务、农产品加工、农村信息化建设等各类财政支农项目和产业基金，要将符合条件的返乡下乡人员纳入扶持范围，采取以奖代补、先建后补、政府购买服务等方式予以积极支持。大学生、留学回国人员、科技人员、青年、妇女等人员创业的财政支持政策，要向返乡下乡人员创业创新延伸覆盖。把返乡下乡人员开展农业适度规模经营所需贷款纳入全国农业信贷担保体系。切实落实好定向减税和普遍性降费政策。（财政部、税务总局、教育部、科技部、工业和信息化部、人力资源社会保障部、农业部、国家林业局、共青团中央、全国妇联等负责）

7. 落实用地用电支持措施

在符合土地利用总体规划的前提下，通过调整存量土地资源，缓解返乡下乡人员创业创新用地难问题。支持返乡下乡人员按照相关用地政策，开展设施农业建设和经营。落实大众创业万众创新、现代农业、农产品加工业、休闲农业和乡村旅游等用地政策。鼓励返乡下乡人员依法以入股、合作、租赁等形式使用农村集体土地发展农业产业，依法使用农村集体建设用地开展创业创新。各省（区、市）可以根据本地实际，制定管理办法，支持返乡下乡人员依托自有和闲置农房院落发展农家乐。在符合农村宅基地管理规定和相关规划的前提下，允许返乡下乡人员和当地农民合作改建自住房。县级人民政府可在年度建设用地指标中单列一定比例专门用于返乡下乡人员建设农业配套辅助设施。城乡建设用地增减挂钩政策腾退出的建设用地指标，以及通过农村闲置宅基地整理新增的耕地和建设用地，重点支持返乡下乡人员创业创新。支持返乡下乡人员与农村集体经济组织共建农业物流仓储等设施。鼓励利用"四荒地"（荒山、荒沟、荒丘、荒滩）和厂矿废弃地、砖瓦窑废弃地、道路改线废弃地、闲置校舍、村庄空闲地等用于返乡下乡人员创业创新。农林牧渔业产品初加工项目在确定土地出让底价时可按不低于所在地土地等别相对应全国工业用地出让最低价标准的70%执行。返乡下乡人员发展农业、林木培育和种植、畜牧业、渔业生产、农业排灌用电以及农业服务业中的农产品初加工用电，包括对各种农产品进行脱水、凝固、去籽、净化、分类、晒干、剥皮、初烤、沤软或大批包装以供应初级市场的用电，均执行农业生产电价。（国土资源部、国家发展改革委、住房城乡建设部、农业部、国家林业局、国家旅游局、国家电网公司等负责）

8. 开展创业培训

实施农民工等人员返乡创业培训五年行动计划和新型职业农民培育工程、农村青年创业致富"领头雁"计划、贫困村创业致富带头人培训工程，开展农村妇女创业创新培训，让有创业和培训意愿的返乡下乡人员都能接受培训。建立返乡下乡人员信息库，有针对性地确定培训项目，实施精准培训，提升其创业能力。地方各级人民政府要将返乡下乡人员创业创新培训经费纳入财政预算。鼓励各类培训资源参与返乡下乡人员培训，支持各类园区、星创天地、农民合作社、中高等院校、农业企业等建立创业创新实训基地。采取线上学习与线下培训、自主学习与教师传授相结合的方式，开辟培训新渠道。加强创业创新导师队伍建设，从企业家、投资者、专业人才、科技特派员和返乡下乡创业创新带头人中遴选一批导师。

建立各类专家对口联系制度，对返乡下乡人员及时开展技术指导和跟踪服务。（人力资源社会保障部、农业部、教育部、科技部、民政部、国家林业局、国务院扶贫办、共青团中央、全国妇联等负责）

9. 完善社会保障政策

返乡下乡人员可在创业地按相关规定参加各项社会保险，有条件的地方要将其纳入住房公积金缴存范围，按规定将其子女纳入城镇（城乡）居民基本医疗保险参保范围。对返乡下乡创业创新的就业困难人员、离校未就业高校毕业生以灵活就业方式参加社会保险的，可按规定给予一定社会保险补贴。对返乡下乡人员初始创业失败后生活困难的，可按规定享受社会救助。持有居住证的返乡下乡人员的子女可在创业地接受义务教育，依地方相关规定接受普惠性学前教育。（人力资源社会保障部、财政部、民政部、住房城乡建设部、教育部等负责）

10. 强化信息技术支撑

支持返乡下乡人员投资入股参与信息进村入户工程建设和运营，可聘用其作为村级信息员或区域中心管理员。鼓励各类电信运营商、电商等企业面向返乡下乡人员开发信息应用软件，开展农业生产技术培训，提供农资配送、农机作业等农业社会化服务，推介优质农产品，组织开展网络营销。面向返乡下乡人员开展信息技术技能培训。通过财政补贴、政府购买服务、落实税收优惠等政策，支持返乡下乡人员利用大数据、物联网、云计算、移动互联网等新一代信息技术开展创业创新。（农业部、国家发展改革委、工业和信息化部、财政部、商务部、税务总局、国家林业局等负责）

11. 创建创业园区（基地）

按照政府搭建平台、平台聚集资源、资源服务创业的思路，依托现有开发区、农业产业园等各类园区以及专业市场、农民合作社、农业规模种养基地等，整合创建一批具有区域特色的返乡下乡人员创业创新园区（基地），建立开放式服务窗口，形成合力。现代农业示范区要发挥辐射带动和示范作用，成为返乡下乡人员创业创新的重要载体。支持中高等院校、大型企业采取众创空间、创新工厂等模式，创建一批重点面向初创期“种子培育”的孵化园（基地），有条件的地方可对返乡下乡人员到孵化园（基地）创业给予租金补贴。（农业部、国家发展改革委、科技部、工业和信息化部、财政部、人力资源社会保障部、商务部、文化部、国家林业局等负责）

三、组织领导

12. 健全组织领导机制

各地区、各有关部门要充分认识返乡下乡人员创业创新的重要意义，作为经济社会发展的重点任务予以统筹安排。农业部要发挥牵头作用，明确推进机构，加强工作指导，建立部门间协调机制，督促返乡下乡人员创业创新政策落实，加强经验交流和推广。地方人民政府要建立协调机制，明确任务分工，落实部门责任，形成工作合力；加强调查研究，结合本地实际，研究制定和落实支持返乡下乡人员创业创新的政策措施。探索建立领导干部定点联系返乡下乡人员创业创新制度，深入了解情况，帮助解决实际问题。（农业部、省级人民政府等负责）

13. 提升公共服务能力

积极开展面向返乡下乡人员的政策咨询、市场信息等公共服务。推进农村社区综合服务设施和信息平台建设，依托现有的各类公益性农产品市场和园区（基地），为返乡下乡人员创业创新提供高效便捷服务。做好返乡下乡人员创业创新的土地流转、项目选择、科技推广等方面专业服务。利用农村调查系统和农村固定观察点，加强对返乡下乡人员创业创新的动态监测和调查分析。（农业部、国家发展改革委、民政部、人力资源社会保障部、商务部、国家统计局、国家林业局等负责）

14. 加强宣传引导

采取编制手册、制定明白卡、编发短信微信微博等方式，宣传解读政策措施。大力弘扬创业创新精神，树立返乡下乡人员先进典型，宣传推介优秀带头人，发挥其示范带动作用。充分调动社会各界支持返乡下乡人员创业创新的积极性，广泛开展创业大赛、创业大讲堂等活动，营造良好氛围。（农业部等负责）

国务院办公厅

2016 年 11 月 18 日

参考文献

包永平，胡炜，孙林法，等．2005．创业教育：高等教育大众化面临的新任务［J］．高等农业教育（4）：19-21．

曹大宏．2012．深化人才培养改革的创业教育理念与策略［J］．教育发展研究（11）：51-54．

曹林奎，孙仲彝，高贵临，等．2006．上海都市型现代农业人才需求与培养对策的思考［J］．高等农业教育（6）：86-92．

陈瑞英，顾征．2010．新世纪日本高校的创业教育：现状与课题［J］．高等工程教育研究（2）：22-30．

邓汉慧．2009．美国的高校创业教育课程设置［J］．中青创业教育论坛（2）：41-42．

邓小华，李贵雄，胡小三．2002．试论农业高职教育中创业型人才培养［J］．中国农业教育（双月刊）（1）：26-27．

段远鹏．2009．创业人才培养模式构建与运行研究［J］．科学管理研究（10）：452-453．

段远鹏．2008．创业人才培养系统研究［J］．科学管理研究（12）：70-73．

范巍，王重鸣．2006．创业意愿维度结构的验证性因素分析［J］．人类工效学，12（1）：14-16．

方志勇、蒋超．2014．基于就业创业能力提升的人才培养模式研究——以浙江财经大学东方学院为例［J］．特区经济（11）：69-71．

傅远志，王晓东，周一，等．2004．高等职业教育创业型人才的培养研究［J］．成都教育学院学报（11）：3-7．

高晓杰，曹胜利 . 2007. 创新创业教育　培养新时代事业的开拓者——中国高等教育学会创新创业教育研讨会纪要［J］. 中国高教研究（7）：91-93.

顾英伟，戴卫东，杨雪，等 . 2009. 高等学校自主创业人才培养路径的设计与优化［J］. 物流教学（11）：73-74.

韩述梅 . 1999. 试论高校创业型人才的培养［J］. 中国成人教育（10）：18.

何润宇，高俊山 . 2008. 瑞典创业教育的特点及其对我国高校创业教育的启示［J］. 中国人力资源开发（10）：77-80.

胡少明 . 2008. 宝鸡市教育投资直接经济效益分析［J］. 新西部（2）：190.

黄海，王守忠，梁晓玲，等 . 2008. 高校开展创业教育的必要性和实施途径［J］. 中国大学生就业（6）：61-62.

黄盈盈 . 2002. 高等职业学校创业人才培养研究［D］，湖南师范大学（3）：9-11.

李家华，卢旭东 . 2010. 把创新创业教育融入高校人才培养体系［J］. 中国高等教育（12）：9-11.

李克均，时松和，施学忠，等 . 2008. 对应分析应用中的假设检验问题［J］. 中国卫生统计（4）：566-567.

李莉丽，龙希利，等 . 2009. 我国大学生创业教育运行机制研究［M］. 济南：山东大学出版社，133-134.

李涛朱，星辉 . 2009. 我国创业教育的现状及发展趋势［J］. 科技创业（5）：78-79.

李秀娟 . 2007. “两平台、三层次”创业型人才培养模式研究［J］. 黑龙江高教研究（11）：156-158.

李永强，白璇，毛雨，等 . 2008. 基于 TPB 模型的学生创业意愿影响因素分析［J］. 中国软科学（5）：122-128.

林荣清 . 2008. 农产品品牌带动战略实施的机制与对策分析［J］. 华东经济管理（7）：59-63.

刘振华，于晓方，等 . 2007. 科技人才绩效评估方法研究 [J]. 科研管理 (3)：90-94.

梅伟惠，徐小洲 . 2009. 中国高校创业教育的发展难题与策略 [J]. 教育研究 (4)：67-72.

梅伟惠 . 2012. 创业人才培养新视域：全校性创业教育理论与实践 [J]. 教育研究 (6)：144-149.

莫利拉 . 2007. 新农村建设与农业高校创业型人才培养 [J]. 中国农业教育 (3)：52-54.

聂劲松，李文雄，邹柏连，等 . 2007. 中等职业教育发展及其动力机制研究 [J]. 职教论坛 (9)：10-13.

牛长松 . 2007. 英国大学生创业教育政策探析 [J]. 比较教育研究 (4)：79-83.

邱东 . 1991. 多指标综合评价中合成方法的系统分析 [J]. 财经问题研究 (6)：39-42.

万卫华 . 2009. 建立独立学院应用型创业型人才培养新体系 [J]. 教育与职业 (5)：44-46.

王彩华，李福杰 . 2008. 美国高校创业教育的经验及其启示 [J]. 理工高教研究 (10)：93-96.

王秋海 . 2001. 高等教育人才培养的转型探讨 [J]. 西藏大学学报 (9)：64-66.

王文 . 2008. 构建完整的创业教育课程体系 [J]. 中国大学生就业 (12)：39-40.

王秀敏，韩丽艳，单良 . 2012. 高校创业人才培养模式的构建 [J]. 教育发展研究 (23)：74-77.

吴荷平 . 2001. 浅谈创业人才的培养 [J]. 江苏石油化工学院学报 (6)：59-60.

吴启运 . 2008. 大学生创业倾向影响因素的调查研究 [J]. 科技创业 (8)：39-41.

夏学文 . 2007. 新农村建设中劳动力要素制约及对策——基于黄冈市

118 户农户的实证分析 [J]. 安徽农业科学，35 (29)：9 430-9 431，9 433.

谢一风 . 2007. 高职院校创业教育课程设计研究 [J]. 教育与职业 (6)：137-138.

辛建中，王养森 . 2009. 论大学生创业实践的教育与指导 [J]. 科技经济市场 (12)：90-91.

徐铁辉 . 2008. 构建创业型人才培养模式初探 [J]. 益阳职业技术学院学报 (6)：39-42.

闫素青 . 2009. 技工院校素质教育的内涵与实践 [J]. 才智 (36)：23.

叶映华 . 2009. 大学生创业意向影响因素研究 [J]. 教育研究 (4)：73-77.

于洋，李敬双，吴建，等 . 2008. 浅谈高等农业院校创业型人才培养的科学定位 [J]. 中国校外教育 (8)：25.

张庆祝 . 2007. 大学生创业孵化基地建设理论初探 [J]. 辽宁教育研究 (8)：102-103.

张文彤 . 2002. 世界优秀统计工具 SPSS11.0 统计分析教程（高级篇）[M]. 北京：希望电子出版社，91-99.

张项民 . 2008. 创业型人才的培养模式选择 [J]. 中国人才 (10)：25-27.

张有峰，温瑶 . 2008. 基于创业导向的教育培养模式探讨 [J]. 中国经贸 (13)：107-108.

赵宏林，佟伟军，林哲，等 . 2008. 蒙古族高血压与吸烟、饮酒关系的对应分析 [J]. 中国卫生统计 (10)：477-478.

郑亚勤 . 2007. 关于天津沿海都市型现代农业人才培养的探讨 [J]. 天津农学院学报 (12)：62-64.

邹良影，李秀红 . 2014. 在高校人才培养中实施创业教育 [J]. 教育评论 (1)：27-29.

Einar A Rasmussen，Roger Sorheim. 2006. Action-based entrepreneurship education [J]. Technovaion, 26 (2): 185-194.

J. A. , Katz. 2003. The chronology and intellectual trajectory of American entrepreneurship education [J]. Journal of Business Venturing (18): 283-300.